Rainer Dziewas

Auf dem Weg zur Verweildaueroptimierung: **Proaktives Aufnahmemanagement und ärztliche Versorgung nach dem Consultant Concept**

University of Applied Sciences
APOLLON
University Press

APOLLON Schriftenreihe zur Gesundheitswirtschaft
Band 2

Rainer Dziewas

Auf dem Weg zur Verweildaueroptimierung: **Proaktives Aufnahme-management und ärztliche Versorgung nach dem Consultant Concept**

APOLLON SCHRIFTENREIHE ZUR GESUNDHEITSWIRTSCHAFT

University of Applied Sciences
APOLLON
University Press

Über den Autoren

Prof. Dr. med. Rainer Dziewas (geb. 1971) ist Facharzt für Neurologie und arbeitet als Oberarzt an der Klinik und Poliklinik für Neurologie des Universitätsklinikums Münster. Von 2008 bis 2010 studierte er an der APOLLON Hochschule der Gesundheitswirtschaft Gesundheitsökonomie und schloss das Studium erfolgreich mit dem Master of Health Management (MaHM) ab. Rainer Dziewas interessiert sich für die Auswirkungen des DRG-Systems auf den Klinikalltag und ist im Rahmen seiner klinischen Tätigkeit an der Entwicklung innovativer Konzepte zur effektiven Steuerung und Organisation der stationären Patientenversorgung beteiligt.

Die APOLLON Schriftenreihe zur Gesundheitswirtschaft wird herausgegeben vom Präsidium der APOLLON Hochschule der Gesundheitswirtschaft.

1. Auflage 2011

Bibliografische Information der Deutschen Nationalbibliothek
Die Deutschen Nationalbibliothek verzeichnet diese Publikation in der Deutschen Nationalbibliografie. Detaillierte bibliografische Daten sind abrufbar unter:
http://dnb.d-nb.de

Projektmanagement und Lektorat: Corinna Dreyer
Umschlaggestaltung und Layout: Ilka Lange, Hückelhoven
Satz: abavo GmbH, Buchloe
Druck und Bindung: Books on Demand GmbH, Norderstedt
Printed in Germany
ISBN: 978-3-943001-01-3

http://www.apollon-hochschulverlag.de

Inhaltsverzeichnis

Vorwort

Die Gesundheitspolitik der letzten Jahre hat für die Krankenhäuser tiefgreifende Veränderungen mit sich gebracht. Insbesondere seit Einführung des DRG-Fallpauschalensystems stehen die Krankenhäuser unter einem zunehmenden ökonomischen Druck, da eine noch nie da gewesene Transparenz der medizinischen Leistungserbringung hergestellt und damit die Basis für eine sachgerechte Leitungsvergütung gelegt wird. Diesem Druck ist mit innovativen Konzepten zu begegnen.

Das übergeordnete Ziel jedes Krankenhausträgers besteht darin, mit effizienten Diagnose- und Behandlungsabläufen unter dem Einsatz möglichst geringer Personal- und Sachkosten eine ausgezeichnete Qualität der stationären Patientenversorgung zu sichern. Dies erfordert generell eine Synthese aus abteilungsübergreifenden Patientenmanagementkonzepten und quasi maßgeschneiderten Ansätzen der Behandlungs- und Therapiesteuerung, da diese an spezifischen Bedürfnissen der einzelnen Abteilungen ausgerichtet sind.

In der vorliegenden Arbeit wird eindrucksvoll demonstriert, wie sich im klinischen Alltag problemorientiert ein situationsadaptierter Lösungsansatz entwickeln, umsetzen und kontrollieren lässt. So führte die Klinik und Poliklinik für Neurologie des Universitätsklinikums Münster ein fachärztlich gesteuertes Aufnahmemanagement ein. Dieses hatte nicht nur die Priorisierung und Bettenverteilung der regulär geplanten Aufnahmen zum Ziel, sondern sollte in einer dynamisch und proaktiv agierende Institution während der Kernarbeitszeit kontinuierlich die Bettenauslastung monitoren und steuern.

Zusätzlich wurde die ärztliche Versorgung der Patienten auf den Normalstationen nach dem sogenannten Consultant Concept organisiert. Dieses zeichnet sich dadurch aus, dass die neu auf die Normalstationen aufzunehmenden Patienten gleichmäßig und stationsübergreifend den zuständigen Stationsärzten zugewiesen werden. Damit ist sichergestellt, dass durch den einzelnen Arzt eine stationsübergreifende und damit flexiblere Patientenversorgung erfolgt.

Die positive Auswirkung dieses mit dem Akronym ProACC (**Pro**aktives **A**ufnahmemanagement und ärztliche Versorgung nach dem **C**onsultant **C**oncept) belegten Zwei-Komponenten-Konzepts konnte durch eine eindrucksvolle Steigerung der Fallzahl bei gleichzeitiger Reduktion der Verweildauer und Aufrechterhaltung der hohen Versorgungsqualität belegt werden. Besonders bemerkenswert ist, dass die Leistungssteigerung nicht nur die elektiv aufgenommenen Patienten betraf, sondern sich auch bei der Notfallversorgung manifestierte.

Ich wünsche dem Buch eine breite und interessierte Leserschaft. Es vermittelt hinsichtlich des Nutzens erprobte Empfehlungen, die auch in der eigenen Fachabteilung unabhängig vom Fachgebiet umgesetzt werden können. Dabei können und sollen Anpassungen an die jeweiligen lokalen Bedingungen erfolgen.

Prof. Dr. Norbert Roeder
Ärztlicher Direktor und Vorstandsvorsitzender
Universitätsklinikum Münster

Einleitung

Viele Arbeits- und Behandlungsabläufe in deutschen Kliniken haben sich über Jahre und Jahrzehnte in einem rückblickend in vielerlei Hinsicht paradiesisch anmutenden Biotop der Sorglosigkeit herausgebildet. So wurden sämtliche anfallende Kosten über tagesgleiche Pflegesätze von den Krankenkassen finanziert. Ärztliches Personal war nahezu flächendeckend in ausreichendem Umfang vorhanden und wurde in seiner Einsetzbarkeit nicht durch Arbeitszeitgesetze beeinträchtigt. Zudem verfügten viele Hausärzte über weitgehende Freiheiten und konnten unabhängig von Budgetgrenzen prä- und poststationäre Diagnostik je nach Bedarf und gegebenenfalls in größerem Umfang veranlassen (vgl. Billing und Jauch, 2005, S. 86). Diese Umgebungsbedingungen haben in den letzten Jahren einen durchgreifenden Wandel erfahren. So wird den Hausärzten aufgrund einer strengen Budgetierung die Durchführung ambulanter Diagnostik zunehmend erschwert und teilweise gänzlich unmöglich gemacht. Relativ neue gesetzliche Vorgaben zur Regelung der ärztlichen Arbeitszeit sowie rückläufige Bewerberzahlen bedingen einen relativen Ärztemangel in den Krankenhäusern. Schließlich wird der betriebswirtschaftliche Erfolg oder Misserfolg eines Krankenhauses seit der mit der Einführung des DRG-Systems (DRG = Diagnosis Related Groups) erfolgten Umstellung auf ein fallpauschalierendes Vergütungssystem nicht mehr von der Summe der Behandlungstage sondern vor allem von der Zahl der behandelten Fälle bestimmt.

Aufgrund dieser Entwicklung, insbesondere infolge des wirtschaftlich begründeten Drucks zur Verweildauerverkürzung, wird in den Krankenhäusern eine Verdichtung der Gesamtleistungen innerhalb eines stationären Aufenthalts erforderlich. Da jeder unnötige Verweildauertag zusätzliche Kosten aber, im Unterschied zur Zeit der tagesgleichen Pflegesätze, keine diese kompensierenden Erlöse generiert, ist von den Krankenhäusern eine Optimierung der Behandlungsabläufe und eine Beschränkung der vollstationär erbrachten Diagnostik und Therapie auf den unbedingt notwendigen Behandlungszeitraum anzustreben (vgl. Roeder und Küttner, 2006, S. 684).

Auch die Klinik und Poliklinik für Neurologie des Universitätsklinikums Münster (UKM) sah sich 2008 mit diesen prinzipiellen strukturellen und ökonomischen Herausforderungen konfrontiert. Zu diesem Zeitpunkt hatte die Klinik gerade eine umfangreiche Erweiterung ihres Akutbereiches abgeschlossen. So war ein Ausbau der Stroke Unit (Schlaganfallspezialstation) auf acht Stroke-Unit-Betten und neun High-care-Betten (Krankenhausbetten mit erhöhtem Pflegeschlüssel) erfolgt. Die Kapazitäten der neurologischen Intensivstation waren auf dreizehn Therapieplätze aufgestockt worden. Unabhängig hiervon war im Ambulanzbereich der Klinik eine steigende Fallzahl zu registrieren und die Kontakte zu den niedergelassenen Kollegen waren im Rahmen einer UKM-weiten Image-Kampagne intensiviert worden. Als unmittelbar in den klinischen Alltag hineinwirkendes Resultat dieser Entwicklung war ein gestiegener Aufnahmedruck auf den beiden neurologischen Normalstationen tagtäglich spürbar, der sowohl von dem klinikeigenen Akutbereich als auch den eigenen Ambulanzen und den niedergelassenen Ärzten erzeugt wurde. Neben dieser sich aus den lokalen Umständen ergebenden Entwicklung war die Klinik für Neurologie zudem mit den oben charakterisierten, aus den geänderten gesundheitspolitischen Rahmenbedingungen erwachsenden Anforderungen konfrontiert. Insbesondere hatte die in 2008 erstmals UKM-weit erstellte klinikspezifische Profit-Center-Rechnung ein nachhaltig beunruhigendes Ungleichgewicht zwischen den in der Klinik für Neurologie anfallenden Kosten und den hier erzielten Erlösen gezeigt.

Zu diesem Zeitpunkt wurde beschlossen, dieser vielschichtigen Problemlage mit Maßnahmen zu begegnen, die zu einer optimierten und beschleunigten Behandlung der Patienten auf den neurologischen Normalstationen führen sollten. In dieser Weise sollte es gelingen, die Aufnahmekapazitäten an den bestehenden Bedarf anzupassen und dadurch unnötige und die Arbeitsabläufe weiter beeinträchtigende Konflikte an den Schnittstellen sowohl zwischen den einzelnen neurologischen Stationen als auch zwischen der stationären und ambulanten Versorgung neurologischer Patienten zu vermeiden. Zudem wurde erwartet, dass die so zu erzielende Fallzahlsteigerung zu einer durchgreifenden Verbesserung des betriebswirtschaftlichen Ergebnisses führen könnte und daher einschneidende Kostensenkungsmaßnahmen, die vor dem Hintergrund des großen Personalkostenanteils im Krankenhaus (vgl. Augurzky et al., 2008, S. 115) notwendigerweise mit einem Arbeitsplatzabbau einhergingen, vermeidbar wären.

Da am UKM noch kein Case-Management-Konzept etabliert war (vgl. Thiry und Pape, 2008, S. 27 ff.) und auch Behandlungspfade UKM-weit erst vereinzelt genutzt wurden (vgl. Roeder et al., 2003a, S. 1149 f.), war zu diesem Zeitpunkt ein Rückgriff auf diese bekannten und hinsichtlich ihrer Wirksamkeit evaluierten Ansätze nur bedingt möglich. Erschwerend kam hinzu, dass aufgrund der angespannten wirtschaftlichen Situation ein mit relevanten Investitionen, z. B. in neues Personal, verknüpftes Konzept nicht realisierbar war. Aus diesen Gründen wurde eine aus zwei Komponenten bestehende Individuallösung entwickelt. So wurde zum einen ein fachärztlich gesteuertes Aufnahmemanagement eingeführt, das nicht nur die Priorisierung und Bettenverteilung der regulär geplanten Aufnahmen zur Aufgabe hat, sondern als dynamisch und proaktiv agierende Institution während der Kernarbeitszeit kontinuierlich die Bettenauslastung monitoren und steuern soll. Zum anderen wurde nach dem Vorbild der Klinik für Neurologie des Universitätsklinikums Köln die ärztliche Versorgung der Patienten auf den Normalstationen nach dem sogenannten Consultant Concept organisiert (vgl. Schroeter und Fink, 2008, S. 1124 f.). Dieses zeichnet sich dadurch aus, dass die neu auf die Normalstationen aufzunehmenden Patienten gleichmäßig und stationsübergreifend den in diesem Bereich eingesetzten Stationsärzten zugewiesen werden, also durch den einzelnen Arzt eine stationsübergreifende und damit flexiblere Patientenversorgung erfolgt. Dieses Zwei-Komponenten-Konzept wurde mit dem Namen ProACC (**Pro**aktives **A**ufnahmemanagement und ärztliche Versorgung nach dem **C**onsultant **C**oncept) belegt.

In der vorliegenden Arbeit wird nun mithilfe eines retrospektiven Prä-post-Vergleichs analysiert, ob die Einführung von ProACC in der Klinik für Neurologie des UKM zu der angestrebten Verweildauerverkürzung und Fallzahlsteigerung geführt und sich letztlich in einer Verbesserung des betriebswirtschaftlichen Ergebnisses niedergeschlagen hat.

1 Hintergrund

In diesem Kapitel sollen für die Einordnung der Studie in ihren wissenschaftlichen Kontext wesentliche Hintergrundinformationen geliefert werden. Hierbei wird zunächst das DRG-System beschrieben und es werden die Besonderheiten der Vergütung dieses fallpauschalierenden Ansatzes dargestellt. Anschließend wird das für das Verständnis der Datenaufbereitung und der Datenanalyse im Rahmen dieser Arbeit relevante System der klinischen Leistungsgruppen vorgestellt. Zuletzt erfolgt eine Analyse und Zusammenfassung der seit Einführung des DRG-Systems in Deutschland spürbaren Auswirkungen auf die Krankenhauslandschaft.

1.1 Das DRG-System

Mit Inkrafttreten des GKV-Gesundheitsreformgesetzes 2000 fand ein Paradigmenwandel in der Krankenhausfinanzierung statt. Während zuvor die Vergütung der stationären Krankenhausbehandlung aufgrund der Anwendung tagesgleicher Pflegesätze fast ausschließlich von der Verweildauer des Patienten im Krankenhaus bestimmt wurde, bedeutete die Einführung des DRG-Systems den Wechsel zu einer leistungsorientierten Vergütung (vgl. Bihr et al., 2001, S. 120).

1.1.1 Grundlagen

Als Grundlage für die Einführung eines deutschen Fallpauschalensystems diente die Systematik der Australian Refined DRGs, da diese im Vergleich zu anderen international etablierten Ansätzen versprach, am ehesten eine kostengerechte Abbildung der häufigsten Krankheitsbilder zu ermöglichen und diese in Pauschalkomplexe zusammenzufassen (vgl. Greiling und Muszynski, 2008, S. 17).

Grundsätzlich fast das DRG-System Behandlungsfälle mit ähnlichen Diagnosen und vergleichbarem Behandlungsaufwand in separate DRGs zusammen. Nicht selten entsteht hierbei ein Interessenkonflikt zwischen der klinischen Sichtweise, die eine Gruppierung in Abhängigkeit von dem klinischen Kontext favorisiert, und der ökonomischen Perspektive, die Fälle mit ähnlichen Kostenstrukturen zusammengefasst sehen möchte. Vor dem Hintergrund des übergeordneten, mit der Einführung des DRG-Systems verknüpften Ziels der ökonomischen Gerechtigkeit, ist festzustellen, dass die einzelnen DRGs zunehmend den Bezug zu aus medizinischer Sicht unterscheidbaren, klinischen Kollektiven verlieren (vgl. Roeder et al., 2006, S. 391) (vgl. auch Kap. 1.2).

Prozedural wird innerhalb des DRG-Systems jeder Behandlungsfall genau einer Fallpauschale zugeordnet. Diese Zuordnung erfolgt dabei nach einem vom DRG-Institut und dem Institut für das Entgeltsystem im Krankenhaus (InEK) entwickelten Algorithmus, der kontinuierlich aktualisiert und ausgebaut wird (vgl. Keun und Prott, 2008, S. 105). In dem G-DRG-System (German Diagnosis Related Groups) der Version 2010 werden 1186 DRGs unterschieden, von denen 1155 bewertet und 31 unbewertet sind (vgl. InEK, 2009a). Für Letztere ist die Vergütung krankenhausindividuell mit den Kostenträgern zu verhandeln. Der Gruppierungsprozess, der es erlaubt, den einzelnen Behandlungsfall in eine DRG einzuordnen, ist in Abbildung 1.1 beschrieben.

Ausgangspunkt sind die den einzelnen Behandlungsfall charakterisierenden Basisdaten, die neben Patientenalter und -geschlecht die Diagnosen und Prozeduren sowie die Behandlungsdauer umfassen. Über insgesamt neun Fehler-DRGs, wie 901A „Ausgedehnte OR-Prozedur (OR = Operation Room) ohne Bezug zur Hauptdiagnose mit komplizierender Konstellation oder Strahlentherapie oder endovaskulärer Implantation von Stent-Prothesen an der Aorta" (vgl. InEK, 2009a, S. 70), werden zunächst nicht eingruppierbare Fälle erfasst. Im Anschluss wird geprüft, ob eine Zuordnung in eine von aktuell insgesamt 59 Prä-MDCs (MDC = Major Diagnostic Category) zu erfolgen hat. Diese ebenfalls noch vorgeschaltete Kategorie betrifft besonders aufwändige Behandlungsfälle, z. B. Langzeitbeatmungen auf der Intensivstation (z. B. A06A: Beatmung > 1799 Stunden mit komplexer OR-Prozedur oder Polytrauma, mit hochkomplexem Eingriff oder intensivmedizinischer Komplexbehandlung > 3680 Aufwandspunkte (vgl. InEK, 2009a, S. 2). Die weit überwiegende Anzahl der Behandlungsfälle wird jedoch über die zugehörige Hauptdiagnose einer der 23 Hauptdiagnosegruppen zugewiesen. Anschließend erfolgt eine weitere Differenzierung in eine chirurgische Partition (Partition O), die sich vor allem durch die Nutzung der chirurgischen Infrastruktur, insbesondere des Operationssaals, auszeichnet, eine medizinische Partition (M), die für konservativ behandelte Fälle vorgesehen ist, und eine

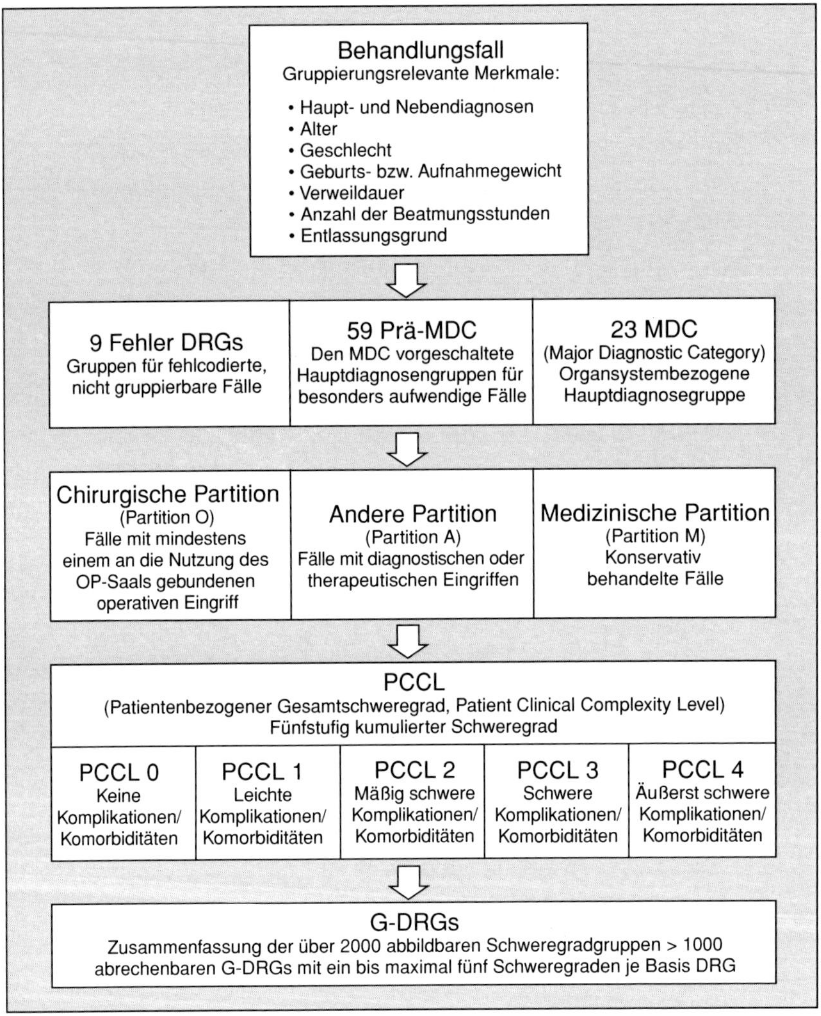

Abb. 1.1: Eingruppierung des einzelnen Behandlungsfalls in eine DRG (vgl. Greiling und Muszynski, 2008, S. 22)

sonstige Partition (A), in der überwiegend klar umrissene diagnostische oder therapeutische Fälle eingruppiert werden. Der abschließende Schritt des Gruppierungsprozesses wird über eine fünfstufige Gewichtung der Nebendiagnosen vorgenommen. Diese werden in einem PCCL-Wert (Patient Clinical Complexity Level) zusammengefasst, dem jeweils folgende Bedeutungen hinterlegt sind: PCCL 0: Nebendiagnose zählt nicht als Komplikation oder Begleiterscheinung der Hauptdiagnose, PCCL 1: Nebendiagnose zählt als leichte

Komplikation, PCCL 2: Nebendiagnose zählt als mittlere Komplikation, PCCL 3: Nebendiagnose zählt als schwere Komplikation, PCCL 4: Nebendiagnose zählt als schwere Komplikation (vgl. Greiling und Muszynski, 2008, S. 23).

Die so ermittelte DRG wird dann als vierstelliger alphanumerischer Code abgebildet. Beispielhaft setzt sich die DRG B67B „Morbus Parkinson ohne äußerst schwere Komorbidität, ohne äußerst schwere Beeinträchtigung" aus folgenden Elementen zusammen (vgl. Abb. 1.2): Der Code B steht hier für die MDC 01, die Krankheiten und Störungen des Nervensystems zusammenfasst. Die Zahl 67 bezeichnet die Partition. Hier gilt, dass die Zahlen 0 bis 39 die chirurgischen Partitionen umfassen, 40 bis 59 sind für die sogenannten „anderen Partitionen" reserviert und 60 bis 99 führen zu der „medizinischen Partition" (vgl. InEK, 2009a). Insgesamt bilden die drei ersten Zeichen zusammen, hier B67, die sogenannte Basis-DRG. Basis-DRGs bestehen aus einer

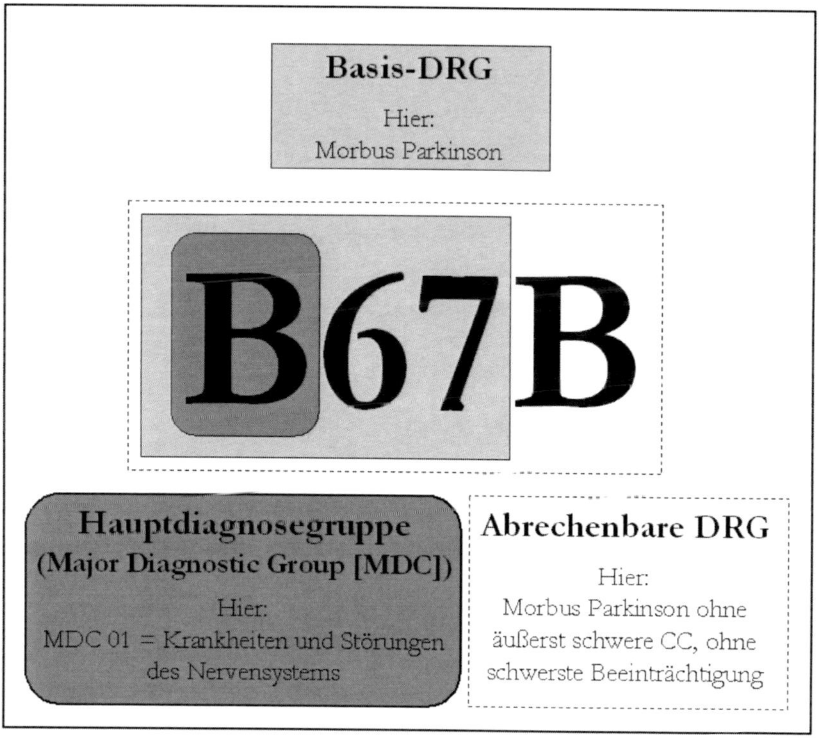

Abb. 1.2: Aufschlüsselung der Notation einer Fallpauschale (CC = Complication and Comorbidity)

oder mehreren abrechenbaren G-DRGs, die grundsätzlich über die gleichen Diagnosen und Prozeduren definiert sind, sich aber durch ihren Ressourcenverbrauch unterscheiden. Je nach Differenzierbarkeit des ökonomischem Aufwands werden die Basis-DRGs mithilfe der letzten Notationsstelle in Form eines Buchstabens in bis zu neun abrechenbare G-DRGs unterteilt (vgl. Brüning, 2010, S. 3 ff.). Der in einer Gruppe relativ höchste Ressourcenverbrauch wird durch „A" gekennzeichnet, die folgenden Buchstaben bilden einen sukzessiv sinkenden Aufwand ab. Zur Differenzierung einer Basis-DRG wird eine Vielzahl unterschiedlicher Parameter hinzugezogen wie das Patientenalter, die Verweildauer sowie die Nebendiagnosen in Form des patientenbezogenen Gesamtschweregrads PCCL. In dem hier gewählten Beispiel der Basis DRG B67 erfolgt aufgrund der vorbestehenden Krankheitsschwere und der Komplikationen während der stationären Behandlung entweder eine Eingruppierung in die B67A oder, wie im Diagramm dargestellt, die weniger ressourcenverbrauchende B67B.

1.1.2 Abrechnung und Kennzahlen

Grundlage für die Abrechnung im DRG-System ist ein umfangreiches Datenmaterial, das dem InEK jährlich von einzelnen Krankenhäusern, den sogenannten Kalkulationshäusern, zur Verfügung gestellt wird (vgl. Papenhoff und Schmitz, 2009, S. 6) (vgl. Abb. 1.3). Aus dem Durchschnitt der Gesamtkosten aller DRGs wird anschließend ein fiktiver Basisfall ermittelt, dem ein Basisfallpreis und ein Relativgewicht von 1,0 zugewiesen werden. In Abhängigkeit von dem dokumentierten Ressourcenverbrauch werden den einzelnen DRGs Relativgewichte zugewiesen, die das Verhältnis des Ressourcenverbrauchs der betreffenden DRG zu dem Referenzwert 1,0 widerspiegeln (vgl. Rochell und Roeder, 2003, S. 476). So lässt sich beispielsweise ableiten, dass die mit einem Relativgewicht von 1,188 ausgestattete, oben genannte DRG B67B knapp 20 % mehr Ressourcen verbraucht als der Basisfall und im Verhältnis zur Nachbar-DRG B67A („Morbus Parkinson mit äußerst schweren CC oder schwerster Beeinträchtigung") mit einem Relativgewicht von 1,682 einen um gut 40 % geringeren Ressourcenverbrauch aufweist.

Der tatsächliche Fallerlös einer DRG ergibt sich schließlich aus dem Produkt ihres Relativgewichts mit dem Basisfallpreis. Wie aus Tabelle 1.1 hervor-

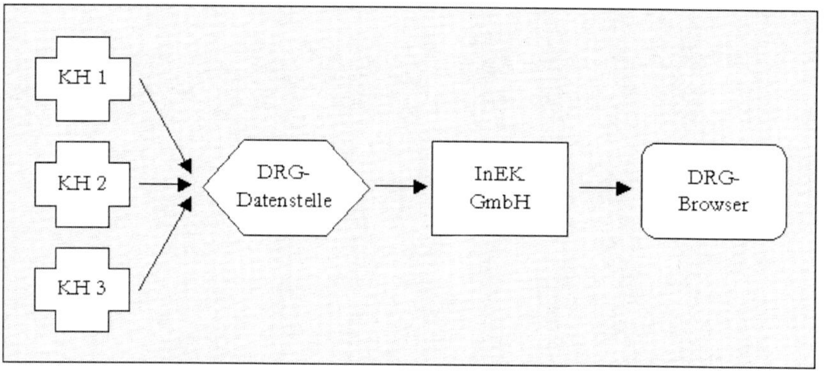

Abb. 1.3: Der Weg der DRG-Daten (KH = Krankenhaus) (vgl. Papenhoff und Schmitz, 2009, S. 91)

geht, erzielt die höher bewertete B67A bei einem Basisfallpreis von 2935,78 Euro einen Erlös von 4937,98 Euro, während die mit einem niedrigeren Relativgewicht ausgestattete B67B knapp 1500 Euro weniger erlöst.

Tabelle 1.1: Berechnung des Erlöses mithilfe von Relativgewicht und Basisfallpreis

DRG	Relativgewicht	Erlös in €
Basisfall	1,00	2935,78
B67A	1,682	4937,98
B67B	1,188	3487,71

Diese in ihrer Anwendung im Praxisalltag einfache Methode der Erlösermittlung, die Grundlage der vom Gesetzgeber angestrebten Abkopplung der Leistungsvergütung von der Verweildauer ist, findet allerdings nur Anwendung auf Behandlungsfälle, die innerhalb der sogenannten Grenzverweildauer (sogenannte DRG-Inlier) abgeschlossen wurden. Bei Verweildauern außerhalb der für jede DRG definierten Verweildauergrenzen (sogenannte DRG-Outlier) werden Abschläge für eine Unterschreitung der unteren Grenzverweildauer und Aufschläge für eine Überschreitung der oberen Grenzverweildauer gezahlt (vgl. Haubrock, 2007, S. 420) (vgl. Abb. 1.4). Die sogenannten Langliegeraufschläge sind hierbei allerdings so kalkuliert, dass sie lediglich eine partielle Kompensation für die geleistete, pflegerische Mehrversorgung der Patienten bieten und so keinerlei Anreiz für eine artifizielle Liegedauerverlängerung darstellen (vgl. Wrabel und Seidel-Kwem, 2005, S. 55).

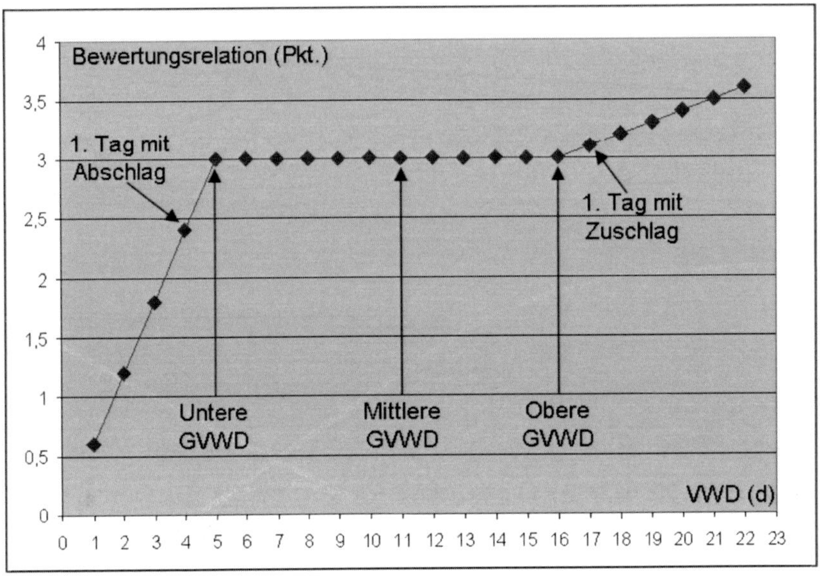

Abb. 1.4: Vergütungsprofil einer DRG (GVWD = Grenzverweildauer; VWD = Verweildauer)

Die von einer Versorgungseinheit, z. B. einer Fachabteilung, einem Krankenhaus oder einem Krankenhausverbund, erbrachte Leistung wird als Case Mix (CM) angegeben, der durch Addition sämtlicher, den einzelnen Behandlungsfällen zugewiesener Relativgewichte gebildet wird (vgl. Greiling und Muszynski, 2008, S. 26). Neben dem CM stellt der Case Mix Index (CMI) die zweite zentrale Kennzahl des DRG-Systems dar. Der CMI wird durch Division des CM durch die Fallzahl ermittelt und ist ein Marker für die ökonomische Fallschwere des Patientenklientels einer Einrichtung (vgl. Haubrock, 2007, S. 440).

1.1.3 Benchmarking und Leistungsverrechnung im DRG-System

Neben der oben beschriebenen, leistungsorientierten Vergütung ermöglicht das DRG-System zudem erstmals ein praktikables Benchmarking der Krankenhäuser untereinander und eine nachvollziehbare und transparente Verteilung der erzielten Erlöse auf die einzelnen leistungserbringenden Stellen innerhalb eines Krankenhauses. Grundlage hierfür ist der im Rahmen der DRG-Weiterentwicklung vom InEK publizierte DRG-Browser und die in diesem enthaltene Kostenmatrix (vgl. InEK, 2009b; vgl. Müller-Bergfort und Fritze, 2007, S. 1047 ff.). Diese Matrix fast DRG-spezifisch die von den Kalkulationshäusern (vgl. Abb. 1.3 oben) dokumentierten Kosten in verschiedene Kostenarten zusammen und differenziert hier Personalkosten in die Kategorien „ärztlicher Dienst", „Pflegedienst" und „medizinisch-technischer Dienst", Sachkosten in die Kategorien „Arzneimittel", „Implantate/Transplantate" und „übriger medizinscher Bedarf" sowie Personal- und Sachkosten in die Kategorien „medizinische Infrastruktur" und „nicht medizinische Infrastruktur". Diese Kostenarten werden dann nach dem Ort ihrer Entstehung auf elf verschiedene Kostenstellen verteilt (Normalstation, Intensivstation, OP-Bereich, Anästhesie, Kreißsaal, kardiologische Diagnostik/Therapie, endoskopische Diagnostik/Therapie, Radiologie, Laboratorien, übrige diagnostische und therapeutische Bereiche (vgl. Schütt et al., 2007, S. 834 ff.).

Diese Matrix erlaubt es nun dem einzelnen Krankenhaus, die Wirtschaftlichkeit seiner Leistungserbringung einfach mit den vom InEK ermittelten Durchschnittswerten zu vergleichen. Beispielsweise könnte eine Klinik, die einen großen Anteil an Parkinson-Patienten betreut, allein mit der Kostenmatrix der DRG B67B überprüfen, ob die von ihr vorgehaltene Versorgungsstruktur für dieses Patientenklientel über die InEK-Werte refinanzierbar ist (vgl. Tab. 1.2).

Zusätzlich kann die Kostenmatrix für strategische Planungen genutzt werden. Diesbezüglich könnte sich die angesprochene Klinik mit Parkinson-Schwerpunkt fragen, ob eine Verbesserung der Erlössituation nicht durch eine schwerpunktmäßige Behandlung schwerkranker Patienten zu erreichen wäre, die, wie oben dargestellt, in die höher bewertete DRG B67A eingruppiert werden (vgl. Tab. 1.3). Im Vergleich zur Kostenmatrix der B67B fällt hier vor allem ein erhöhter Ressourcenverbrauch im Bereich der Krankenpflege auf (1442,70 Euro gegenüber 821,30 Euro). Die Klinik müsste also nun entscheiden, ob mit dieser auf DRG-Ebene gerechtfertigten „Investition" unter den gegebenen Rahmenbedingungen vor Ort die von diesem Patientenklientel tatsächlich auch faktisch geforderte pflegerische Mehrleistung zu finanzieren ist oder nicht.

Jenseits der Betrachtung einzelner Patientengruppen erlaubt die DRG-Erlösmatrix auch eine übergeordnete, für einzelne Abteilungen und in der Zusammenschau für die Gesamtinstitution berechnete Gegenüberstellung von den tatsächlich angefallenen Ist-Kosten und den DRG-basierten Soll-Kosten. Gerade in Zeiten knapper werdender, finanzieller Ressourcen im Gesundheitswesen lässt sich so zumindest approximativ bestimmen, welche

Tabelle 1.2: Kostenmatrix der DRG B67B (vgl. InEK, 2009b)

	Personalkosten			Sachkosten					Personal- und Sachkosten		
	Ärztlicher Dienst	Pflegedienst	Med./techn. Dienst	Arzneimittel		Implantate/Transplantationen	Übriger med. Bedarf		Med. Infrastruktur	Nicht med. Infrastruktur	
Kostenbereich	1	2	3	4a	4b	5	6a	6b	7	8	Summe
1. Normalstation	413,2	811,3	81,2	81,5	16,2	0,0	51,6	8,0	158,5	001,7	2423,1
2. Intensivstation	4,7	9,2	0,3	1,2	0,0	0,0	1,2	0,0	1,4	4,3	22,3
4. OP-Bereich	0,1	0,0	0,1	0,0	0,0	0,1	0,1	0,1	0,1	0,1	0,6
5. Anästhesie	0,1	0,0	0,0	0,0	0,0	0,0	0,0	0,0	0,0	0,0	0,2
7. Kardiol. Diagnostik/Therapie	0,3	0,0	0,3	0,0	0,0	0,0	0,2	0,1	0,1	0,2	1,1
8. Endoskopische Diagnostik/Therapie	3,0	0,0	3,3	0,2	0,0	0,0	1,3	0,0	1,5	2,3	11,5
9. Radiologie	26,5	0,0	31,1	0,4	2,4	0,0	9,6	40,3	14,5	23,0	147,9
10. Laboratorien	3,1	0,0	22,5	0,8	0,6	0,0	17,7	22,3	2,1	10,6	79,7
11. Übrige diagnostische u. therapeutische Bereiche	53,1	0,8	214,0	1,2	0,0	0,0	17,3	6,8	20,9	110,1	424,3
Summe	**504,1**	**821,3**	**352,9**	**85,2**	**19,2**	**0,1**	**99,0**	**77,6**	**199,0**	**952,4**	**3110,6**

Tabelle 1.3: Kostenmatrix der DRG B67A (vgl. InEK, 2009b)

	Personalkosten			Sachkosten					Personal- und Sachkosten		
	Ärztlicher Dienst	Pflegedienst	Med./ techn. Dienst	Arzneimittel		Implantate/ Transplantationen	Übriger med. Bedarf		Med. Infrastruktur	Nicht med. Infrastruktur	
Kostenbereich	**1**	**2**	**3**	**4a**	**4b**	**5**	**6a**	**6b**	**7**	**8**	**Summe**
1. Normalstation	511,8	1,413,9	148,4	140,2	28,1	0,0	84,6	9,2	215,2	955,8	3507,3
2. Intensivstation	14,8	28,1	0,5	4,2	0,8	0,0	3,7	0,1	4,7	13,0	69,9
4. OP-Bereich	0,2	0,0	0,2	0,0	0,0	0,0	0,2	0,1	0,2	0,2	1,1
5. Anästhesie	0,1	0,0	0,1	0,0	0,0	0,0	0,0	0,0	0,0	0,0	0,3
7. Kardiol. Diagnostik/ Therapie	0,1	0,0	0,2	0,0	0,0	0,0	0,1	0,1	0,1	0,1	0,6
8. Endoskopische Diagnostik/Therapie	8,6	0,0	9,1	0,4	0,1	0,0	3,5	1,0	3,9	6,4	33,0
9. Radiologie	19,2	0,0	24,0	0,2	0,0	0,0	5,9	50,2	10,5	16,5	126,5
10. Laboratorien	3,9	0,0	29,1	1,4	4,2	0,0	22,7	26,3	2,6	14,0	104,2
11. Übrige diagnostische u. therapeutische Bereiche	43,7	0,7	318,4	1,5	0,0	0,0	16,6	13,8	33,5	135,1	563,3
Summe	**602,7**	**1442,7**	**529,8**	**148,0**	**33,2**	**0,0**	**137,4**	**100,8**	**270,5**	**1141,0**	**4406,1**

Fachbereiche einer Klinik unwirtschaftlich arbeiten und wo genau innerhalb dieser Fachbereiche (ärztliches Personal, Pflegepersonal, Sachkosten etc.) Einsparungen realisiert werden sollten.

Schließlich lässt sich die Erlösmatrix insbesondere in Kliniken mit einer noch wenig differenzierten Leistungserfassung nutzen, um die erzielten Erlöse krankenhausintern möglichst transparent auf die einzelnen Leistungserbringer, z. B. Intensivstationen, Anästhesie oder Radiologie, zu verteilen. Dieser Aspekt der internen Leistungsverrechnung ist gerade für Abteilungen wie die Radiologie oder die Anästhesie, die überwiegend nicht Primärbehandler der Patienten sind, sondern gegenüber anderen Fachdisziplinen als Dienstleister auftreten, von großer Bedeutung.

Trotz dieser vielfältigen Vorzüge, die die Verwendung der DRG-Erlösmatrix mit sich bringt, wird der praktische Nutzen dieses Instruments nach Fiori (vgl. Fiori, 2009, S. 197 f.) durch einige relevante, aber unvermeidliche Schwächen begrenzt. So sind die vom InEK publizierten Werte grundsätzlich zwei Jahre alt, sodass zwischenzeitlich eingetretene Änderungen für bestimmte Kostenarten, z. B. ein Anstieg der Personalkosten im Zuge eines neuen Tarifabschlusses, nicht abgebildet sind. Auch ist zu berücksichtigen, dass die Kostendaten aus einer Stichprobe von Krankenhäusern stammen, die nicht notwendigerweise repräsentativ für jedes einzelne Krankenhaus sein muss. Schließlich ist für das einzelne Krankenhaus ein Vergleich mit der Kostenmatrix des DRG-Browsers nur dann sinnvoll, wenn die eigenen Kosten nach den gleichen Definitionen für die verschiedenen Kostenbereiche und Kostenarten differenziert werden, wie sie das InEK in seinem komplexen DRG-Kalkulationshandbuch veröffentlicht hat.

1.2 Klinische Leistungsgruppen

Wie oben dargestellt, lassen sich mithilfe der DRGs Krankenhausleistungen aufwandspezifisch abbilden und vergüten. Allerdings hat die praktische Erfahrung der letzten Jahre gelehrt, dass die DRGs für die Planung und Steuerung dieser Leistungen wenig geeignet sind und auch bei der Qualitätsdarstellung und Qualitätsverbesserung keine bedeutende Funktion übernehmen können. Hauptgrund für dieses prinzipielle funktionelle Defizit ist einerseits, dass unterschiedlichste Prozeduren in einer DRG aggregiert werden. So wurden z. B. 2008 unter der DRG F24B folgende Behandlungsarten zusammengefasst: „Implantation eines Herzschrittmachers, Zwei-Kammer-System oder perkutane Koronarangioplastie mit komplexer Diagnose und hochkomplexer Intervention oder mit perkutaner Angioplastie ohne äußerst schwere CC, Alter > 15 Jahre“ (vgl. InEK, 2010). Die mit dieser DRG beabsichtigte Zusammenfassung von Behandlungsfällen mit Herzschrittmacherimplantation oder invasiver Koronarintervention erfolgte nicht unter medizinischen Gesichtspunkten, sondern folgte, der DRG-Logik entsprechend, ausschließlich dem Primat der Gesamtkostenhomogenität (vgl. Paquet et al., 2007, S. 87). Nach Roeder et al. (2006, S. 390 ff.) sind Fallzahlen innerhalb dieser DRG weder für medizinische noch für ökonomische Planungen einsetzbar, da offensichtlich ein höchst heterogenes Fallspektrum mit unterschiedlichen Sachkostenanteilen artifiziell zusammengefügt wird. Andererseits findet sich im DRG-System aus dem komplementären Grund der fehlenden Kostenhomogenität eine Verteilung nahezu gleicher medizinischer Leistungen auf unterschiedliche DRGs. Als Beispiel sei hier das klinische Gebiet der Hüftendoprothetik angeführt, das in den sechs DRGs I01Z („Beidseitige Eingriffe oder mehrere große Eingriffe an Gelenken der unteren Extremität mit komplexer Diagnose“), I03Z („Revision oder Ersatz des Hüftgelenks mit komplizierender Diagnose oder Arthrodese“), I05Z („Ersatz des Hüftgelenks ohne komplizierende Diagnose, ohne Arthrodese“), I08A („Andere Eingriffe am Hüftgelenk und Femur mit Mehrfacheingriff, mit komplexer Prozedur oder Diagnose“), I46Z („Prothesenwechsel am Hüftgelenk“), I47Z („Revision oder Ersatz des Hüftgelenks ohne komplizierende Diagnose, mit komplexem Eingriff“) und I48Z („Revision oder Ersatz des Hüftgelenks ohne komplizierende Diagnose, mit komplexem Eingriff“) abgebildet ist (vgl. Roeder et al., 2006, S. 391 ff.).

Diesen beiden Schwächen des DRG-Systems, zum einen der Zusammenfassung unterschiedlichster medizinischer Inhalte unter einer DRG und zum anderen der Streuung eines bestimmten medizinischen Inhalts über ein Spektrum verschiedener DRGs, wird durch die von Roeder und Mitarbeitern entwickelten klinischen Leistungsgruppen begegnet (vgl. Roeder et al., 2006, S. 392; vgl. Toth und Bitsch, 2008, S. 346 f.; vgl. Helling et al., 2009, S. 857 ff.). Die klinischen Leistungsgruppen orientieren sich nicht an den DRGs, sondern werden über die nach ICD-10 operationalisierten Diagnosen (vgl. DIMDI, 2009a) und den im OPS-Katalog beschriebenen Prozeduren (vgl. DIMDI, 2009b) definiert.

Im Unterschied zum DRG-Katalog, der stationär erbrachte, medizinische Leistungen in ca. 1000 verschiedene DRGs differenziert, ist das System der klinischen Leistungsgruppen etwa um den Faktor 5 schlanker und kommt mit ca. 200 Einzelpositionen für ein Krankenhaus der Maximalversorgung aus (vgl. Roeder et al., 2006, S. 392). Das Leistungsspektrum der einzelnen Fachabteilung lässt sich je nach Fachrichtung mithilfe von 12 bis 20 Fallgruppen abbilden.

Die Anwendung dieses klassifikatorischen Ansatzes erfordert keine gesonderte Datenerhebung, da die oben angesprochenen, die Gruppierung eines Falles im wesentlichen steuernden Größen „Diagnose" und „Prozedur" in dem nach § 21 Krankenhausentgeltgesetz (KHEntgG) erfassten Datensatz enthalten und über das Klinikinformationssystem (KIS) zugänglich sind. Wie in Abbildung 1.5 dargestellt, wird nach der fallbezogenen Erfassung der Diagnosen und Proze-

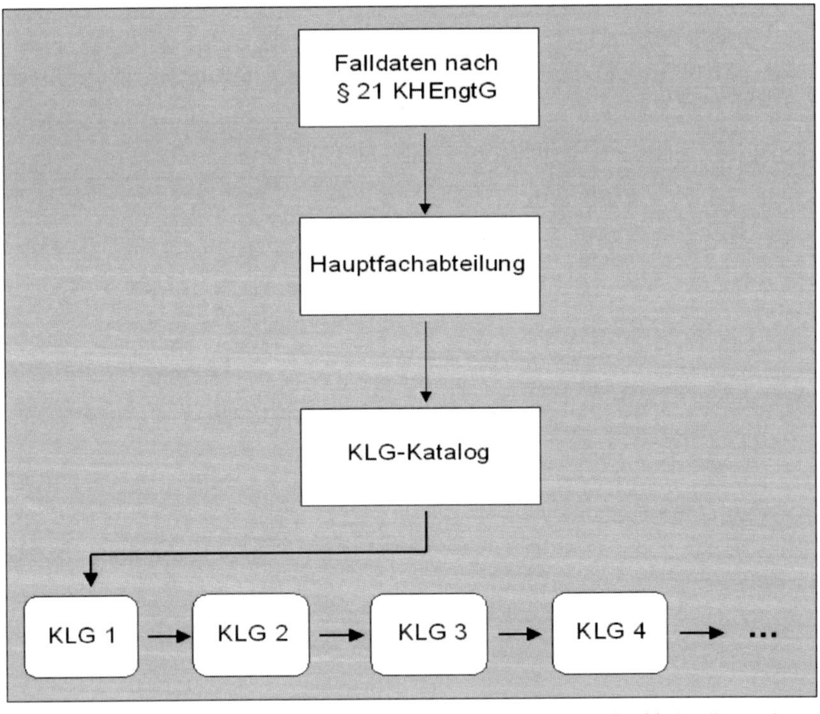

Abb. 1.5: Hierarchischer Gruppierungsalgorithmus der klinischen Leistungsgruppen (KLG) (vgl. Helling et al., 2009, S. 858)

duren zunächst die den Patienten behandelnde Hauptfachabteilung festgelegt und damit ein bestimmtes Set von klinischen Leistungsgruppen vorgewählt.

Diese fachspezifischen Leistungsgruppen werden nun solange nach einer festgelegten Reihenfolge abgefragt, bis die Zuordnung des Behandlungsfalls zu einer Leistungsgruppe gelungen ist. Die einzelnen Leistungsgruppen einer Hauptfachabteilung sind dabei nach absteigender Komplexität angeordnet. Dieser Klassifizierungsalgorithmus gewährleistet, dass jeder Fall nur genau einer klinischen Leistungsgruppe zugeordnet wird (vgl. Helling et al., 2009, S. 858 ff.). Als Beispiel ist in Abbildung 1.6 das zuvor bereits erwähnte Szenario der Endoprothetik aufgeführt.

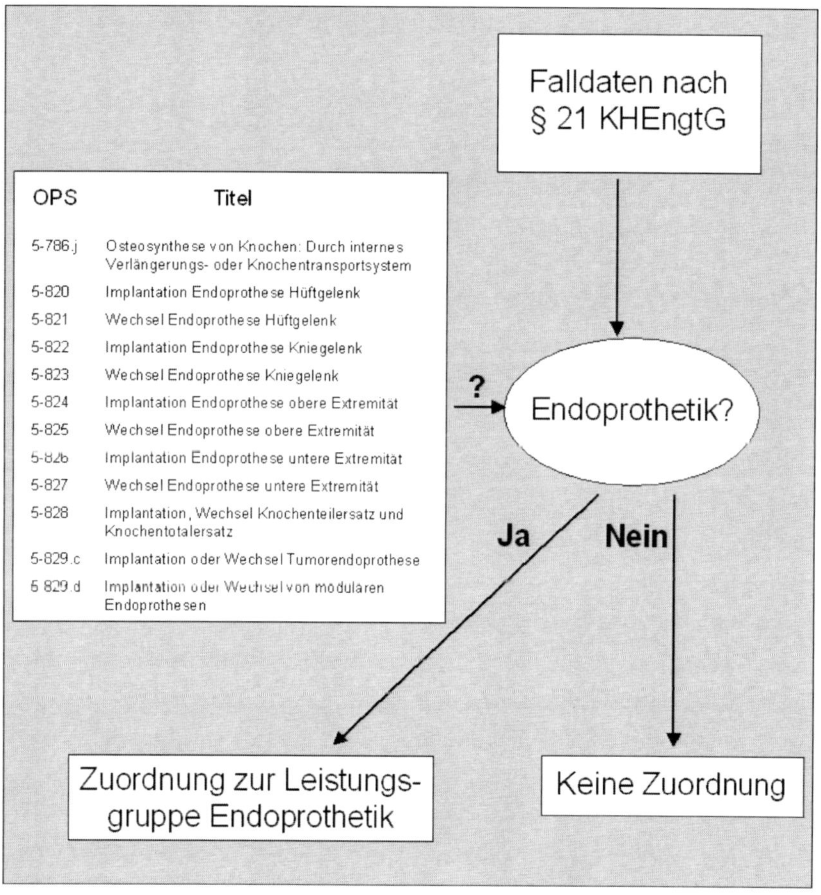

Abb. 1.6: Definition einer Leistungsgruppe am Beispiel der Endoprothetik (vgl. Roeder et al., 2006, S. 392)

Wie aus der Darstellung hervorgeht, ist diese Leistungsgruppe ausschließlich über die zugehörigen OPS-Codes der entsprechenden Prozeduren definiert und wird so von anderen orthopädischen Leistungsgruppen wie den Wirbelsäuleneingriffen, der Frakturversorgung, arthroskopischen Eingriffen etc. abgegrenzt. In Abhängigkeit von dem spezifischen Informationsbedarfs ist darüber hinaus nach Roeder et al. (2006, S. 392 ff.) eine weitere Differenzierung innerhalb dieser übergeordneten Leistungsgruppe möglich, sodass beispielsweise innerhalb der Leistungsgruppe „Endoprothetik" die Subgruppen „Prothesenwechsel/Revision Knie", „Prothesenwechsel/Revision Hüfte", „Prothesen Knie", „Prothesen Hüfte" unterschieden werden können. Wie in Abbildung 1.7 dargestellt, lassen sich die klinischen Leistungsgruppen problemlos als eigene Hierarchieebene in das Gesamtsystem eines Krankenhauses einfügen.

Hierbei finden sich auf der ersten Ebene die relevanten Kennzahlen der einzelnen Fachabteilungen des betreffenden Krankenhauses, die sich vor allem auf die CM und Fallzahlentwicklung beziehen. Die zweite Ebene informiert über das Leistungsspektrum der einzelnen klinischen Leistungsgruppen jeder Fachabteilung. Neben CM und Fallzahl jeder Leistungsgruppe lässt sich hier auch der CMI ermitteln, der den durchschnittlichen Erlös eines Falles einer Leistungsgruppe widerspiegelt. Anlass für weitere Analysen ist hier gegeben, wenn sich im Jahresvergleich Verschiebungen zwischen Fallzahl und CM ergeben. So deutet nach Roeder et al. (2006, S. 396) z. B. eine steigende Fallzahl einer Leistungsgruppe bei gleichbleibendem CM auf eine Reduktion der Fallkomplexität hin, während umgekehrt ein Anstieg des CM parallel zu einer stagnierenden Fallzahl eine zunehmende Fallkomplexität anzeigt. In beiden Szenarien gibt die Beschreibung des medizinisch-ökonomischen Sachverhalts den Anstoß zu einer weitergehenden strategischen Analyse der krankenhausinternen und -externen Umgebungsvariablen, die dann möglicherweise ein schlechteres Kodierverhalten, eine Verlagerung von bestimmten Patientengruppen in den ambulanten Sektor oder eine Zunahme der Zuweisung besonders komplexer Patienten aus anderen Krankenhäusern zutage fördert. Die dritte Ebene bilden die DRGs ab, die in den einzelnen Leistungsgruppen zusammengefasst werden. Auch diese Ebene wird für eine weiterführende strategische Analyse der Krankenhausleistung gegebenen-

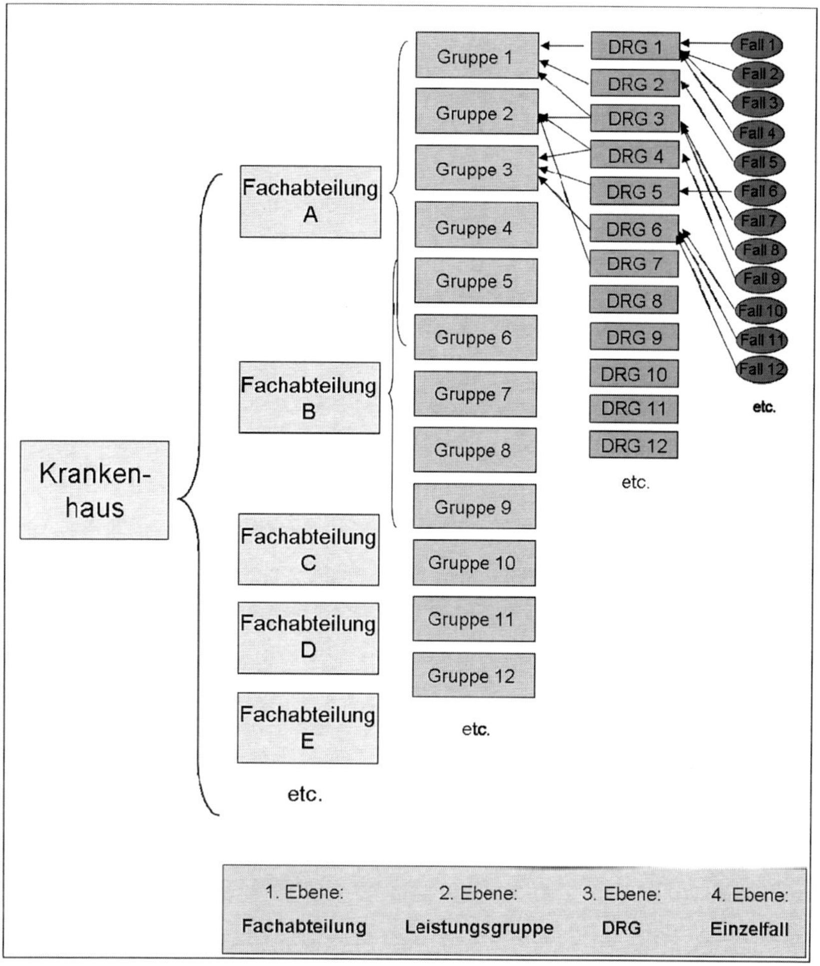

Abb. 1.7: Einordnung der klinischen Leistungsgruppen in die Hierarchieebenen eines Krankenhauses (vgl. Roeder et al., 2006, S. 396)

falls genutzt. In der vierten Ebene sind schließlich die Einzelfälle zusammengefasst, die einer DRG eines Leistungsbereichs zugeordnet werden.

1.3 Auswirkungen der DRG-Einführung in Deutschland

Seit der Einführung des DRG-Systems in Deutschland, die in der Novellierung der Krankenhausfinanzierung im Jahr 2000 ihren Ausgangspunkt hatte, hängen die Kosten einer Krankenhausbehandlung nun nicht mehr primär von der Verweildauer im Krankenhaus ab, sondern von den Diagnosen und der entsprechenden Behandlung der Patienten. Mit der Einführung des DRG-Systems waren spezifische Erwartungen an die Entwicklung der Krankenhauslandschaft und der Leistungserbringung verbunden. Insbesondere wurde an das DRG-System die Hoffnung geknüpft, dass sich die Leistungserbringung wirtschaftlicher und die Vergütung transparenter gestalten lasse und dass die Fehlanreize der zuvor die Vergütung bestimmenden tagesgleichen Pflegesätze beseitigt werden. Zudem sollte die direkte Verknüpfung der erbrachten Leistung mit der resultierenden Vergütung dazu beitragen, dass die zur Verfügung stehenden Ressourcen im Gesundheitssystem krankenhausintern und krankenhausübergreifend bedarfsgerechter und effizienter eingesetzt werden (vgl. Roeder et al., 2002, S. 702). Als weiteren Effekt der leistungsorientierten Vergütung wurde ein zunehmender Wettbewerb unter den Krankenhäusern erwartet, der idealerweise mittelfristig zur Entwicklung von stärker am Bedarf orientierten Leistungsstrukturen und Kapazitäten führt. Schließlich sollte als Folge der systeminhärenten Transparenz der Leistungserbringung sich auch eine Verbesserung der Qualität der stationären Versorgung ergeben (vgl. Fürstenberg et al., 2010, S. 14). Daneben sind mit einem Fallpauschalensystem aber auch verschiedene unerwünschte und letztlich unvermeidliche Fehlanreize verbunden, die – insbesondere dann, wenn die Leistungserbringer ausschließlich auf eine Erlös- und Gewinnmaximierung fokussieren – zu ungewollten Qualitätseinbußen der stationären medizinischen Versorgung führen können. So besteht unter DRG-Bedingungen ein ökonomischer Anreiz, bei gegebener Diagnose die fallbezogene Leistungsmenge und Leistungsintensität zu minimieren. Diese Leistungskürzungen können sowohl nicht notwendige als auch notwendige medizinische Leistungen betreffen. Während im ersten Fall in vollständiger Übereinstimmung mit den Zielen des DRG-Systems eine Kostenreduktion bei gleichbleibender Versorgungsqualität erreicht wird, findet sich im zweiten Szenario ein Qualitätsverlust der medizinischen Leistung.

Um zu überprüfen, ob die Einführung des DRG-Systems die in das Vergütungssystem gesetzten Erwartungen erfüllt, und um mögliche, die Versorgungsqualität beeinträchtigende Entwicklungen aufzudecken, wurde und wird parallel mit der Einführung und Weiterentwicklung des DRG-Systems eine umfangreiche Begleitforschung durchgeführt. Im Verlauf des Kapitels 1.3 werden ausgewählte Schlüsselbefunde vorgestellt, die sich mit Veränderungen der Versorgungsstruktur, mit der Qualität der Versorgung sowie mit Art und Umfang von Leistungsverlagerungen aus dem stationären Sektor in andere Bereiche der Leistungserbringung beschäftigen.

1.3.1 Änderung der Strukturen des Krankenhaussektors

Die Anzahl der Krankenhäuser hat sich von 1991 bis 2008 um 13,6 % von 2411 auf 2083 verringert. Parallel zu dieser Entwicklung war auch ein Rückgang der in den Krankenhäusern insgesamt aufgestellten Betten zu verzeichnen. Waren es 1991 noch 665 565, bzw. 832 pro 100 000 Einwohner, sank diese Zahl in den folgenden 18 Jahren um 24,4 % auf 503 360 bzw. 613 pro 100 000 Einwohner (vgl. Abb. 1.8).

Wie aus Abbildung 1.8 hervorgeht, beeinflusste die DRG-Einführung die seit Jahren bestehenden Trends einer kontinuierlichen Reduzierung der Krankenhauszahl und der Zahl der aufgestellten Betten nur unwesentlich. Diese Beobachtung legt nahe, dass es aufgrund der DRG-Einführung nicht zu einer spürbaren Kapazitätsanpassung gekommen ist.

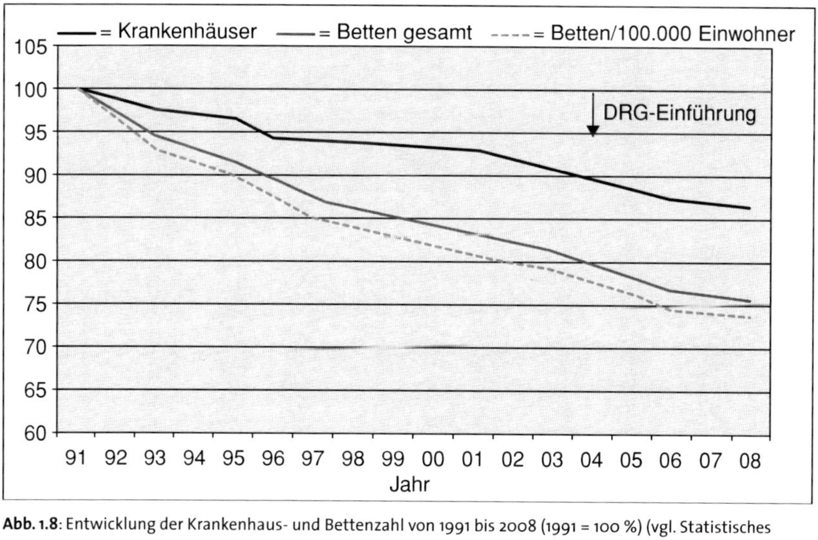

Abb. 1.8: Entwicklung der Krankenhaus- und Bettenzahl von 1991 bis 2008 (1991 = 100 %) (vgl. Statistisches Bundesamt Deutschland, 2010a)

1.3.2 Leistungsdaten der Krankenhäuser

Die Betrachtung der jährlichen Fallzahlen zeigt, dass sich der in den 90er-Jahren etablierte Trend kontinuierlich steigender Werte ab der Jahrtausendwende erheblich verlangsamte und bis 2005 sogar zu rückläufigen Fallzahlen führte. In den Jahren 2006 bis 2008 waren dann wieder kontinuierlich aber geringfügig steigende Fallzahlen zu registrieren (vgl. Abb. 1.9). Dieses Ergebnis spricht nach Expertenmeinung dafür, dass der grundsätzlich vorhandene Fehlanreiz des DRG-Systems, über eine medizinisch unbegründete Fallzahlsteigerung eine Erlösoptimierung zu erzielen, sich in der Realität bisher nicht abgebildet hat (vgl. Fürstenberg et al., 2010, S. 664). Die Zahl der Belegungstage sank trotz der beschriebenen Fallzahlsteigerung im Beobachtungszeitraum um 30 % im Vergleich zum Ausgangsniveau (vgl. Abb. 1.9).

Dieser Trend ist auf eine im Verhältnis zur Fallzahlsteigerung überproportional größere Verweildauerverkürzung (siehe unten) zurückzuführen. Die Bettenauslastung als Kriterium für die Übereinstimmung von Angebot und Nachfrage und damit als Indikator für die Effizienz der Ressourcenallokation zeigte nach einer langen Phase der Stabilität im Vorfeld der DRG-Einführung zunächst rückläufige Werte (vgl. Spindler und Bölt, 2009, S. 45). So lag die Bettenauslastung im Jahr 2002 bei 80,1 % (1991: 84,1 %) und sank in der Fol-

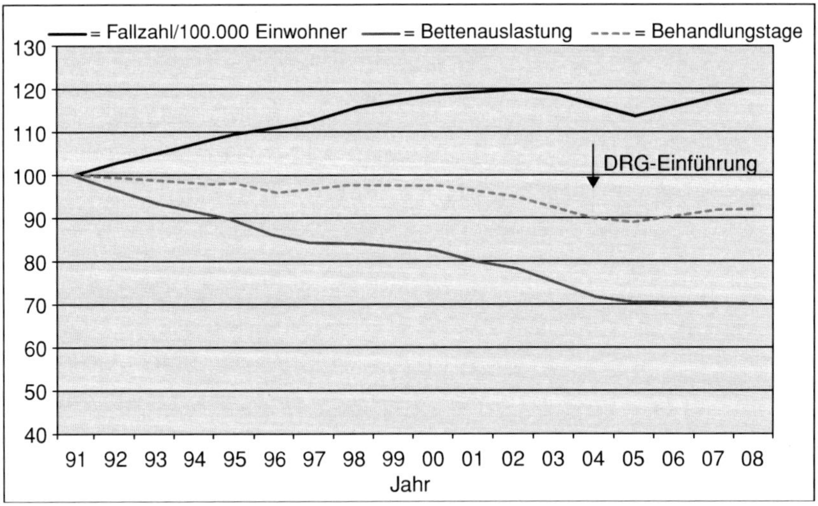

Abb. 1.9: Entwicklung der Fallzahlen, Bettenauslastung und Behandlungstage von 1991 bis 2008 (1991 = 100 %) (vgl. Statistisches Bundesamt Deutschland, 2010a)

gezeit kontinuierlich von 77,6 % in 2003 und 75,5 % in 2004 auf 74,9 % in 2005 ab, bevor anschließend eine Stabilisierung zu verzeichnen war (2008: 77,4 %) (vgl. Statistisches Bundesamt Deutschland, 2010a). Insgesamt hielt also der Bettenabbau in den Krankenhäusern (vgl. Abb. 1.8) mit dem Rückgang der Behandlungstage nicht Schritt. Nach Spindler und Bölt (2009, S. 45) ist ein weiterer Abbau der Kapazitäten nicht zuletzt wegen der sozialpolitisch gewünschten Aufrechterhaltung einer flächendeckenden Krankenhausinfrastruktur insbesondere auch in ländlichen Regionen weniger energisch vorangetrieben worden.

Seit 1991 ist es in den Krankenhäusern zu einem steten Rückgang der Verweildauer gekommen. Im Zeitraum vor der DRG-Einführung bis 2002 fand sich, wie in Abbildung 1.10 dargestellt, Anfang der 90er-Jahre zunächst ein stärkerer Verweildauerrückgang, der sich anschließend ab 1996 etwas abschwächte. So betrug die durchschnittliche Verweildauer 1991 noch 14 Tage, 1996 waren es bereits nur noch 10,8 (–22,9 %, durchschnittlich –4,6 % pro Jahr). Bis 2002 war ein weiterer Verweildauerrückgang auf 9,2 Tage zu verzeichnen, was für diesen Zeitraum ab 1996 einem durchschnittlichen jährlichen Rückgang von 1,9 % entspricht. Auch in der Folgezeit ab 2002 setzte sich dieser Trend mit nahezu unveränderter Geschwindigkeit fort, sodass die Ver-

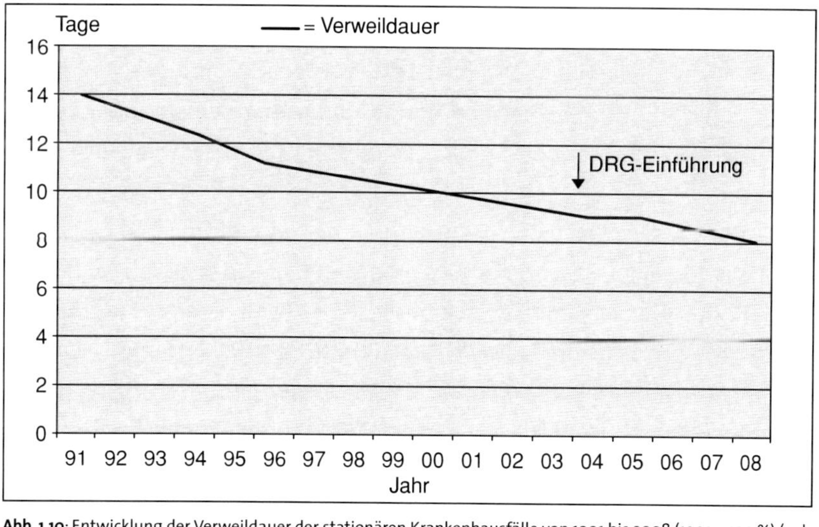

Abb. 1.10: Entwicklung der Verweildauer der stationären Krankenhausfälle von 1991 bis 2008 (1991 = 100 %) (vgl. Statistisches Bundesamt Deutschland, 2010a)

weildauer 2008 bei nur noch 8,1 Tagen lag, was für den Zeitraum von 2002 bis 2008 einem durchschnittlichen jährlichen Rückgang von 1,3 % entspricht. In der Zusammenschau sprechen diese Zahlen dafür, dass es aufgrund der DRG-Einführung nicht zu der von verschiedenen Seiten befürchteten radikalen Verweildauerverkürzung zulasten der Patienten gekommen ist.

1.3.3 Ausstattung der Krankenhäuser

Bezüglich der Ausstattung der Krankenhäuser, bezogen auf das Personal einerseits sowie auf medizinisch-technische Großgeräte andererseits, lässt sich rückblickend Folgendes festhalten.

Personal

Die Entwicklung der Mitarbeiterzahlen im Krankenhaus fällt für die einzelnen Berufsgruppen unterschiedlich aus. So erhöhte sich die Anzahl der im Krankenhaus beschäftigten Ärzte im Zeitraum von 2000 bis 2008 um gut 17 % von 109 000 vollzeitäquivalenten Stellen in 2000 auf 128 000 in 2008 (vgl. Abb. 1.11). Gleichzeitig war die Zahl der Pflegekräfte bis 2006 um über 31 000 vollzeitäquivalente Stellen (439 000 in 2008, 408 000 in 2006) und damit gut 7 % rückläufig. Erst in den letzten beiden Jahren des Betrachtungszeitraums stellte sich eine Stabilisierung verbunden mit einem Aufbau von 3000 Stellen ein. Einen ähnlichen Verlauf zeigt das übrige im Krankenhaus beschäftigte medizinische Personal. Nachdem die Beschäftigungszahlen bis 2003 nahezu unverändert waren, kam es bis 2007 zu einem geringfügigen Stellenabbau um 4,5 %, bevor 2008 ein Anstieg der Stellenzahl zu verzeichnen war.

Mittels der isolierten Betrachtung der vollzeitäquivalenten Stellenzahl lässt sich die Inanspruchnahme des Krankenhauspersonals nicht beschreiben. Als geeignete Personalbelastungskennzahl kann für diese Fragestellung die Anzahl der behandelten Fälle in Relation zu den Vollkräften der einzelnen Dienstart herangezogen werden. Wie aus Abbildung 1.12 hervorgeht, hat sich die durchschnittliche Anzahl der auf jede Vollkraft im Pflegedienst entfallenden vollstationären Fälle nach einem vorherigen Anstieg mit Einführung des DRG-Systems zunächst konsolidiert, bevor ab 2005 eine kontinuierlich steigende Mehrbelastung um jährlich 2 bis 3 % zu verzeichnen war. Das Belas-

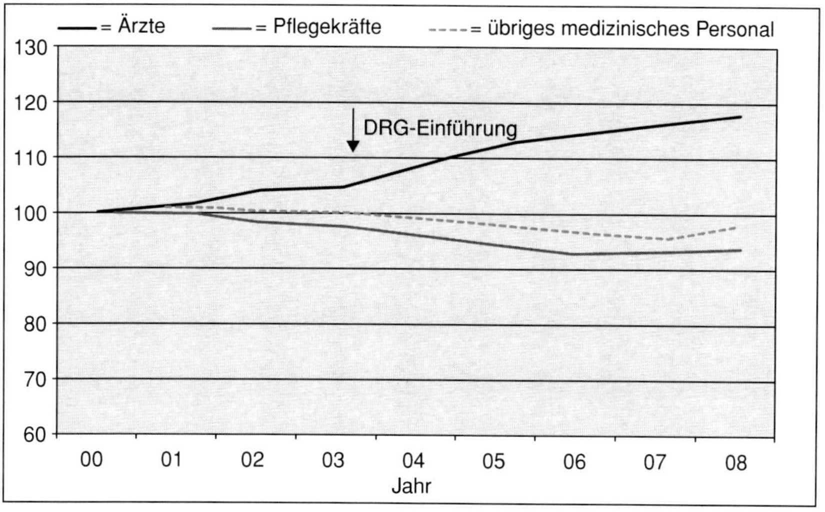

Abb. 1.11: Entwicklung der vollzeitäquivalenten Stellen ausgewählter Berufsgruppen im Krankenhaus von 2000 bis 2008 (2000 = 100 %) (vgl. Statistisches Bundesamt Deutschland, 2010b)

tungsprofil des übrigen im Krankenhaus beschäftigten medizinischen Personals weist nach einer Phase der Stabilität in den Jahren 2004 und 2005 zunächst einen geringfügigen Belastungsrückgang um 2 % auf. In den beiden Folgejahren findet sich dann ein Anstieg der durchschnittlich von einer Vollkraft versorgten Fallzahl um jeweils 3 %, während im letzten Jahr des Berichtszeitraums wieder eine minimal sinkende Belastung registriert wurde. Im Unterschied zu diesen beiden Berufsgruppen findet sich für den ärztlichen Dienst mit der DRG-Einführung vor allem in den Jahren 2004 und 2005 eine Reduktion der Belastung um insgesamt 14 % gegenüber dem Ausgangsniveau in 2000. In den Folgejahren bis 2008 wurden dann keine relevanten Belastungsschwankungen registriert. Insbesondere der Personalabbau und die Leistungsverdichtung im Pflegedienst werden als direkte Folge von Einsparmaßnahmen im Krankenhausbereich interpretiert (vgl. Braun et al., 2007, S. 3). Die erkennbare Korrelation mit der Einführung des DRG-Systems lässt eine Verstärkung dieser Entwicklung durch die einschneidenden Veränderungen des Vergütungssystems als wahrscheinlich erscheinen. Demgegenüber wird die überproportional starke Zunahme der Vollkräftezahl im ärztlichen Dienst vor allem als Folge der Änderungen des Arbeitszeitgesetzes zum 01.01.2004 mit einer Übergangsfrist bis zum 31.12.2005 in Verbindung

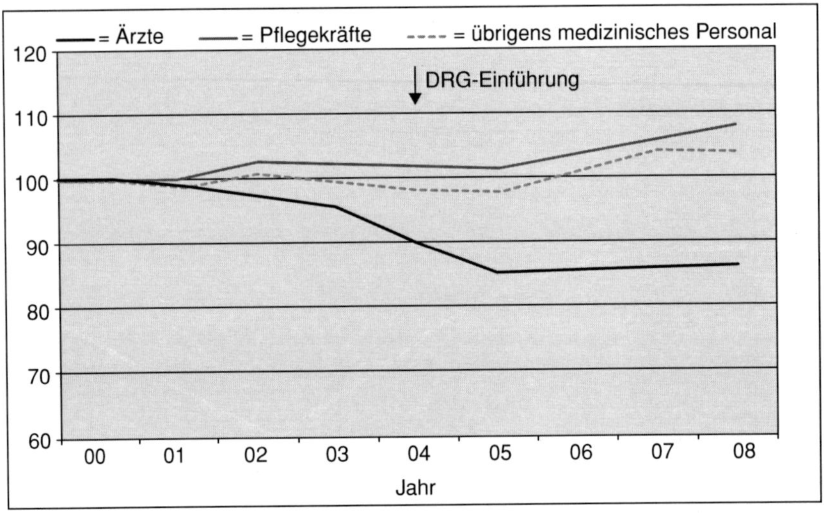

Abb. 1.12: Entwicklung der Fallzahl pro vollzeitäquivalenter Stelle ausgewählter Berufsgruppen im Krankenhaus von 2000 bis 2008 (2000 = 100 %) (vgl. Statistisches Bundesamt Deutschland, 2010b)

gebracht. Wesentliche Bestandteile dieser Gesetzesänderung waren die Geltung des Grundsatzes der 48-Stunden-Woche auch bei Vorliegen von Bereitschaftsdiensten und die Wertung des Bereitschaftsdienstes als Arbeitszeit, die zusammen zu einer durchgreifenden Reduktion der tatsächlichen, wöchentlichen, ärztlichen Arbeitszeit führten und so die Aufstockung des ärztlichen Stellenpools erforderlich machten.

Medizinisch-technische Großgeräte

In Abbildung 1.13 ist die Entwicklung der Anzahl der von den Krankenhäusern betriebenen medizinisch-technischen Großgeräte in den Jahren 2002 bis 2006 der jeweiligen Krankenhausanzahl gegenübergestellt. Aus der Darstellung geht hervor, dass trotz der rückläufigen Krankenhauszahlen die Anzahl der Großgeräte kontinuierlich zugenommen hat. Während die jährliche Wachstumsrate der Großgeräte im Jahr 2003 noch bei 2,3 % lag, stieg diese nach Einführung des DRG-Systems auf einen jährlichen Durchschnittswert von 4,3 % an. Parallel dazu erhöhte sich die Anzahl der durchschnittlich pro Krankenhaus aufgestellten Großgeräte von 3,7 in 2003 auf 4,4 in 2006 (vgl. Fürstenberg et al., 2010, S. 141 f.). Auch wenn anhand dieser Daten nicht ab-

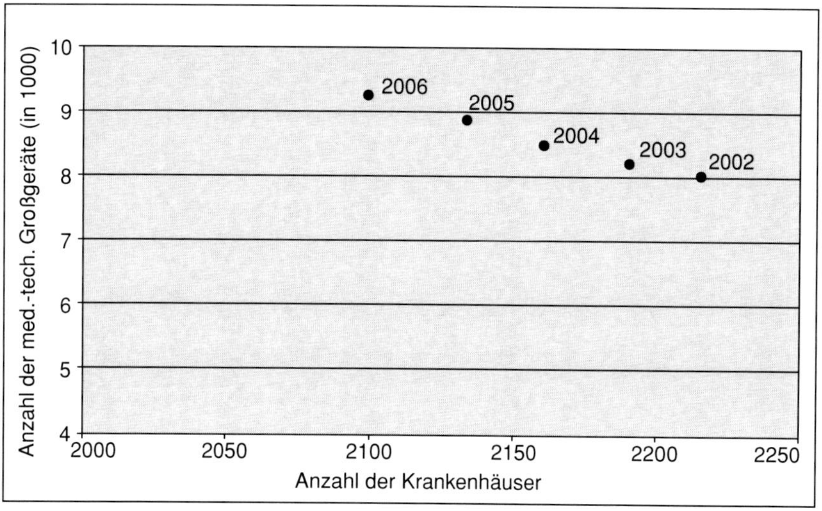

Abb. 1.13: Entwicklung der Anzahl der medizinisch-technischen Großgeräte und der Krankenhausanzahl in den Jahren 2002 bis 2006 (Fürstenberg et al., 2010, S. 141)

schließend zu klären ist, welchen Beitrag die Einführung des DRG-Systems an der beschriebenen Entwicklung hat und welche anderen Einflussfaktoren möglicherweise eine Rolle gespielt haben, so stellt der beschleunigte Ausbau des Geräteparks in jedem Fall eine Entwicklung dar, die über die Unterstützung einer Verweildauerverkürzung eine wirtschaftlichere Leistungserbringung im Krankenhaus ermöglicht und somit als erwartete und angestrebte Konsequenz der Einführung eines fallpauschalierenden Vergütungssystems anzusehen ist (vgl. Fürstenberg et al., 2010, S. 662 f.).

1.3.4 Kostenentwicklung

Die bereinigten Kosten der Krankenhäuser sind von 48,4 Milliarden Euro 1996 auf 62,3 Milliarden Euro 2008 angewachsen. Die Kostensteigerung betrug damit in diesem Zeitraum 28,7 % und durchschnittlich 2,4 % pro Jahr. Während die Kostensteigerungen im Vorfeld der DRG-Einführung 2001 bei 2,8 % und 2002 bei 3,7 % lagen, waren in den Folgejahren mit 2,0 % 2003, 1,0 % 2004 und 1,3 % 2005 zunächst niedrigere Steigerungsraten zu verzeichnen. Anschließend fand sich dann wieder ein beschleunigter Kostenanstieg mit Raten von 2,8 % in 2006, 3,6 % in 2007 und 5,1 % in 2008 (vgl. Sta-

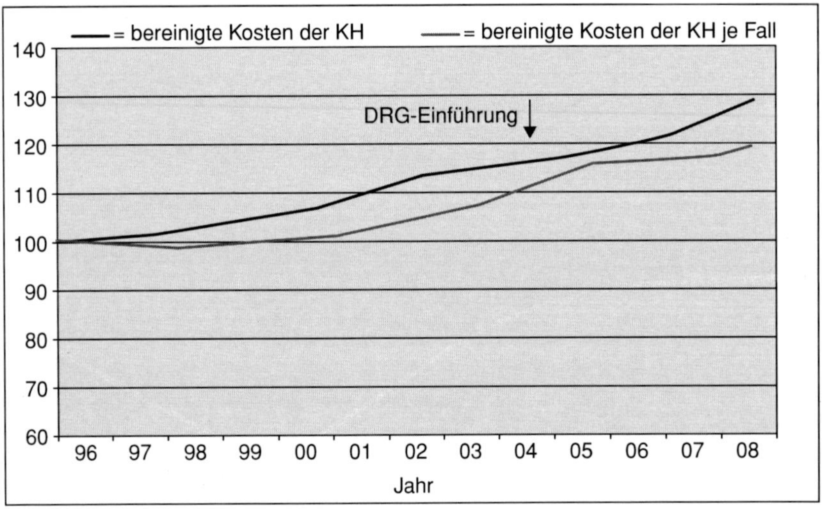

Abb. 1.14: Entwicklung der bereinigten Kosten und der bereinigten Kosten pro Krankenhausfall 1996 bis 2008 (1996 = 100 %) (vgl. Statistisches Bundesamt Deutschland, 2010a)

tistisches Bundesamt Deutschland, 2010a). Ein prinzipiell ähnliches aber in einigen Punkten abweichendes Bild zeigt die in Abbildung 1.14 dargestellte Entwicklung der fallbezogenen Kosten im Krankenhaus. Im Unterschied zu der Gesamtkostenentwicklung fällt hier zunächst auf, dass die Kosten pro Krankenhausfall im Zeitraum von 1996 bis 2000 nahezu unverändert geblieben sind. Anschließend war dann in den Jahren 2001 bis 2005 ein Anstieg der fallbezogenen Kosten von 14,7 % zu verzeichnen, was einer jährlichen Steigerungsrate von 2,9 % entspricht. In den Folgejahren 2006 bis 2008 kam es dann zu einer spürbaren Abschwächung der fallbezogenen Kostensteigerungsraten. In diesen drei Jahren stiegen die Kosten pro Fall um insgesamt 4,2 % und damit um durchschnittlich nur noch 1,4 % pro Jahr. Zusammenfassend legen diese Daten nahe, dass sich die Kostenentwicklung im Krankenhausbereich nach Einführung des DRG-Systems entgegen der vom Gesetzgeber intendierten Entwicklung nicht durchgreifend abgeschwächt hat.

1.3.5 Teil-, vor- und nachstationäre Behandlungen sowie ambulante Operationen

Mit der Einführung des DRG-Systems und der hiermit verbundenen fallpauschalierenden Vergütung wird, wie oben bereits ausgeführt, ein Anreiz zur Verweildauerverkürzung geschaffen. Als weitere mögliche Konsequenz dieser grundlegenden Änderung der Vergütungsstruktur ist daher mit einer Verlagerung eines Teils der vollstationären Behandlung in andere Sektoren zu rechnen. Im Einzelnen zu betrachten sind hier erstens die vorstationäre Behandlung, die im Vorfeld einer anstehenden vollstationären Behandlung, z. B. für Voruntersuchungen, erbracht wird (vgl. Spindler und Bölt, 2009, S. 49), zweitens die nachstationäre Behandlung, die im Anschluss an eine vollstationäre Behandlung in der Regel zur Komplettierung der Diagnostik oder für kurzfristige Verlaufskontrollen genutzt wird, drittens die teilstationäre Behandlung, in deren Rahmen Patienten nur eine bestimmte Zeit pro Tag in der Klinik verbringen, und viertens ambulante Operationen, die mittlerweile für einen definierten Katalog an Eingriffen in Betracht kommen. Wie aus Abbildung 1.15 hervorgeht, hat sich insbesondere die Zahl ambulanter Operationen im Zeitraum von 2002 bis 2007 drastisch erhöht und innerhalb dieser sechs Jahre fast verdreifacht. Einen kontinuierlichen Anstieg weist

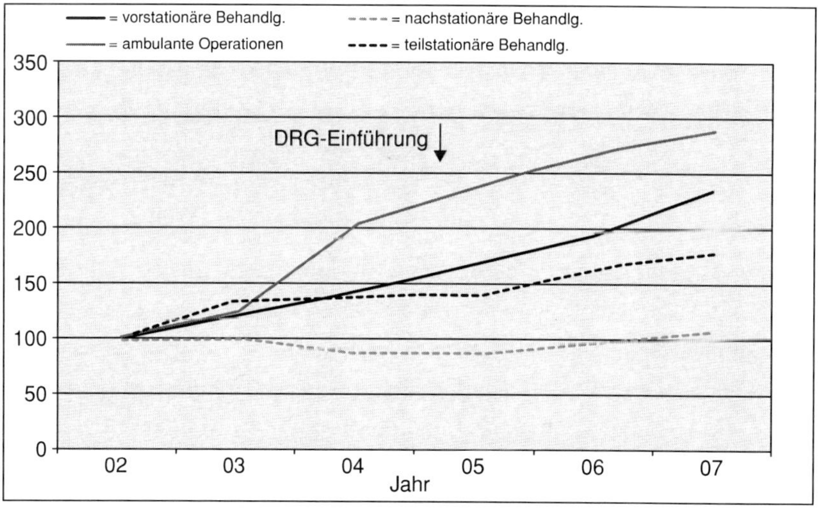

Abb. 1.15: Entwicklung der Zahl vor-, nach- und teilstationärer Behandlungen sowie ambulanter Operationen 2002 bis 2007 (2002 = 100 %) (vgl. Spindler und Schelhase, 2009, S. 649)

auch die Häufigkeit der vorstationären Behandlung auf, die 2007 mehr als doppelt so häufig zum Einsatz kam wie 2002.

Auch die Option der teilstationären Therapie wurde im Beobachtungszeitraum zunehmend häufiger gewählt. Gegenüber dem Ausgangsniveau in 2002 war eine Steigerung von knapp 80 % zu verzeichnen. Nahezu unverändert blieb einzig die Häufigkeit der nachstationären Behandlung. Zusammenfassend legen diese Daten nahe, dass die Mehrzahl der Krankenhäuser parallel zur DRG-Einführung ihr Leistungsspektrum an die neuen wirtschaftlichen Herausforderungen angepasst hat. Auch wenn nach Spindler und Schelhase (2009) auf Basis dieser Statistik nicht abschließend beurteilt werden kann, in welchem konkreten Umfang Substitutions- und Leistungsverlagerungen aus dem stationären in den ambulanten Sektor stattgefunden haben, spricht insbesondere die verstärkte Nutzung der vorstationären Behandlungsoption für das Bestreben der Krankenhäuser, Behandlungsabläufe zu optimieren und die stationäre Verweildauer systematisch zu verkürzen.

1.3.6 Patientenzufriedenheit

Die mit der Einführung des DRG-Systems angestoßene, zunehmende Marktorientierung der Krankenhäuser macht für diese eine verstärkte Berücksichtigung der Kundenperspektive, also der Wünsche und Interessen ihrer Patienten, erforderlich (vgl. Dierks, 2007, S. 199). Wie von Fürstenberg und Mitarbeitern festgestellt, wurde bisher eine große Studie zum Themenkomplex Patientenzufriedenheit nach der Einführung des DRG-Systems publiziert (vgl. Fürstenberg et al., 2010, S. 416). In dieser sogenannten WAMP-Studie (Wandel von Medizin und Pflege im DRG-System) aus dem Jahr 2006 wurden Patienten im Anschluss an eine stationäre Behandlung zu Erfahrungen mit ihrer Versorgung im Krankenhaus befragt (vgl. Abb. 1.16) (vgl. Braun und Müller, 2006).

Die fragebogenbasierte Erhebung wurde an zwei Patientenkollektiven in den Jahren 2002 (2677 Patienten) und 2005 (2242 Patienten) durchgeführt (vgl. Braun und Müller, 2006, S. 23). Die Angemessenheit der Dauer des Krankenhausaufenthalts wurde zu beiden Erhebungszeitpunkten nahezu identisch beurteilt. So hielten ca. 70 % der Patienten die Verweildauer für genau

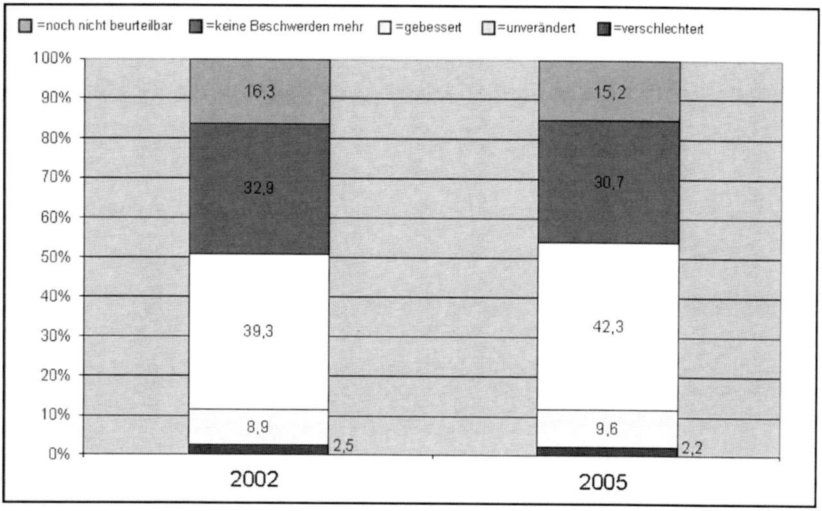

Abb. 1.16: Bewertung des Behandlungserfolgs 2002 und 2005 (Braun und Müller, 2006, S. 57)

richtig, ungefähr 10 % für zu kurz und gut 5 % für zu lang. Sowohl 2002 als auch 2005 konnten aus Patientensicht ungefähr 90 % der vorgesehenen diagnostischen und therapeutischen Maßnahmen wie geplant stattfinden. Auch bezüglich der Erreichbarkeit des medizinischen Personals ließen sich keine relevanten Unterschiede in den beiden Stichproben feststellen. Insbesondere hatten sowohl 2002 als auch 2005 fast 90 % der Patienten den Eindruck, ausreichend über ihre Krankheit und Genesung informiert worden zu sein. Auch der aus Patientensicht wahrgenommene Therapieerfolg unterschied sich in den beiden Vergleichszeiträumen nicht. So betrug der Anteil der Patienten, die nach der Krankenhausbehandlung keine Beschwerden mehr hatten oder deren Zustand sich gebessert hatte 2002 72 % und 2005 73 %. Zu beiden Zeitpunkten berichteten weniger als 3 % der Patienten einen im Verhältnis zum Zeitpunkt vor der Krankenhausaufnahme verschlechterten Gesundheitszustand nach Krankenhausentlassung.

In der Zusammenschau legen diese Daten nahe, dass die Einführung des DRG-Systems trotz der oben beschriebenen Veränderungen wesentlicher Eckdaten der Krankenhausbehandlung (Liegezeit, Personalausstattung) nicht mit einer durchgreifenden Änderung der Patientenzufriedenheit einhergeht.

1.3.7 Mitarbeiterzufriedenheit

Auch die Mitarbeiterzufriedenheit kann potenziell aufgrund der nachhaltig geänderten Rahmenbedingungen durch die Einführung des DRG-Systems in Deutschland beeinflusst worden sein. Wie in Tabelle 1.4 zusammengefasst, ergab sich bei den Ärzten im Beobachtungszeitraum von 2004 bis 2006 keine signifikante Veränderung der Bewertung von als positiv empfundenen Arbeitsbedingungen. Insbesondere kam es trotz der Notwendigkeit zum kostenbewussten Arbeiten nicht zu einer relativen Einschränkung des empfundenen Handlungsspielraums. Die stärksten Veränderungen bei den von den Ärzten empfundenen Arbeitsbelastungen betreffen den ärztlichen (+10,3 %) und pflegerischen (+11,0 %) Personalmangel. Darüber hinaus wurden 2006 im Vergleich zu 2004 insbesondere unregelmäßige Arbeitszeiten (+5,5 %) und eine hohe Personalfluktuation (+4,2 %) als zunehmend belastend empfunden. Demgegenüber ergaben sich für Items, die vorwiegend organisatorische Aspekte thematisierten, kaum Veränderungen im Zeitverlauf. Bemerkenswert ist hier insbesondere, dass 2006 überbordende administrative Tätigkeiten seltener (–1,9 %) und Auseinandersetzungen mit dem MDK auch nur geringfügig häufiger (+2,6 %) beklagt wurden als 2004.

Auch bei den Pflegekräften zeigt sich, dass sich im Verlauf dreier Jahre keine signifikante Veränderung der Bewertung von als positiv empfundenen Arbeitsbedingungen einstellte. Sowohl 2003 als auch 2006 wird die Arbeit von mehr als 85 % der Befragten als interessant empfunden. Demgegenüber fand sich im Beobachtungszeitraum ein spürbarer Anstieg verschiedener Aspekte der Arbeitsbelastung, wie Zeitdruck (+3,3 %), administrative Tätigkeiten (+5,4 %) und unregelmäßige Arbeitszeiten (+3,5 %).

In der Zusammenschau hat sich sowohl für die Berufsgruppe der Ärzte als auch die der Pflegekräfte die subjektiv empfundene Arbeitssituation im Krankenhaus zwischen 2003/2004 und 2006 verschlechtert. Während die von den Ärzten als gravierendstes Problem identifizierte Personalfluktuation und die unregelmäßigen Arbeitszeiten nicht als unmittelbare Folge der DRG-Einführung anzusehen sind, sondern ihren Ursprung u. a. in der Neuregelung der ärztlichen Arbeitszeit haben, lässt sich für andere Beobachtungen, und hier insbesondere im Pflegebereich, ein Zusammenhang mit dem neuen Abrechnungssystem herstellen. So hängen zunehmender Zeitdruck und ein

Anstieg administrativer Tätigkeiten sicher mit den aus dem DRG-System entspringenden Erfordernissen einer hohen Kodierqualität und einer optimierten Verweildauer zusammen.

Tabelle 1.4: Positiv empfundene Arbeitsbedingungen und Arbeitsbelastungen aus Sicht der Ärzte (2004–2006) (vgl. Braun et al., 2010, S. 124, S. 129) und Krankenpfleger (2003–2006) (vgl. Braun et al., 2008, S. 81, S. 92)

	Ärzte		Pflegekräfte	
	2004	2006	2003	2006
Positiv empfundene Arbeitsbedingungen	Angaben in %			
interessante Arbeit	89,8	88,9	87,9	86,4
genügend Handlungsspielraum	64,7	62,2	69,7	67,5
Chancen, etwas dazu zu lernen	70,3	69,4	64,6	64,2
persönliche Bestätigung	76,8	74,3	65,4	63,4
soziale Beziehungen am Arbeitsplatz	73,9	73,8	67,2	67,5
Negativ empfundene Arbeitsbedingungen				
Zeitdruck	88,6	90,2	63,7	67,0
administrative Tätigkeiten	84,1	82,2	48,1	53,5
Organisationsmängel im Krankenhaus	44,2	44,4	12,1	14,8
unregelmäßige Arbeitszeiten	44,9	50,4	24,9	28,4
hohe Personalfluktuation	27,6	31,8	–	–
ärztlicher Personalmangel	67,7	78,0	–	–
Personalmangel in der Pflege	54,9	65,9	–	–
Auseinandersetzung Krankenkasse/MDK	51,8	54,4	–	–

2 Patienten und Methoden

In diesem Kapitel werden die Rahmenbedingungen der aktuellen Studie vorgestellt, das Studiendesign erläutert sowie die gewählten statistischen Methoden beschrieben.

2.1 Das klinische Setting

Das Universitätsklinikum Münster (UKM) gehört mit ca. 1300 Betten und 7200 Mitarbeitern zu den großen deutschen Krankenhäusern der Maximalversorgung. Pro Jahr werden über 40 000 Patienten stationär und über 800 000 Patienten ambulant in 33 Kliniken und Polikliniken behandelt. Die Schwerpunkte in Krankenversorgung und Forschung bestehen in der Entzündungs- und Transplantationsmedizin, der Herz- und Gefäßmedizin, der Neuromedizin, der Prä-/Perinatal- und Reproduktionsmedizin sowie der Tumormedizin (vgl. Roeder, 2009, S. 288 f.).

Die Klinik und Poliklinik für Neurologie des UKM behandelt das gesamte Spektrum der neurologischen Erkrankungen. Besondere Schwerpunkte liegen in der Versorgung und Erforschung zerebrovaskulärer, neuroimmunologischer, neurodegenerativer, epileptischer und neurogenetischer Erkrankungen sowie neurologische Schmerzerkrankungen, Schlaferkrankungen und neurologische Manifestationen der HIV-Infektion (vgl. Roeder, 2009, S. 288 f.). Die Klinik und Poliklinik für Neurologie verfügt über zwei Normalstationen mit insgesamt 54 Betten, eine zertifizierte, überregionale Stroke Unit mit acht Observations- sowie neun High-care-Betten, eine neurologische Intensivstation mit dreizehn Therapiebetten und eine Tagesklinik mit neun Betten. Die Klinik betreibt darüber hinaus einen großen Ambulanzbereich, der neben der allgemeinen neurologischen Poliklinik zahlreiche Spezialsprechstunden für unter anderem Bewegungsstörungen, Epilepsie, Kopfschmerz, Muskelerkrankungen, Neuro-AIDS und Multiple Sklerose umfasst. In der Klinik sind 36 Ärzte (1 Klinikdirektor, 7 Oberärzte, 3 Fachärzte, 25 Weiterbildungsassistenten), 80 Pflegekräfte, 8 Physiotherapeuten, 1,5 Ergotherapeuten, 1,5 Logopäden und 6 medizinische Funktionsassistenten beschäftigt.

Auf den beiden neurologischen Normalstationen, deren ärztliche Versorgungsstruktur im Zentrum des in dieser Studie untersuchten Organisationsansatzes steht und die daher hier ausführlicher dargestellt wird, sind insgesamt fünf Assistenzärzte eingesetzt. Von diesen ist je ein Arzt für die Betreuung der Wahlleistungspatienten und der schlafmedizinischen Patienten zuständig. Drei Ärzte versorgen den großen Teil gesetzlich versicherter Patienten, die entweder als geplante Aufnahme oder nicht elektiv als (i) Notfallaufnahme, (ii) als Verlegung aus dem Akutbereich der Klinik für Neurologie (Stroke Unit und neurologische Intensivstation), (iii) als hausinterne Verlegung aus einer anderen Klinik des UKM oder (iv) als Verlegung von einer anderen, externen Klinik zugewiesen werden. Jeder der fünf Assistenzärzte wird von einem ihm fest zugeordneten Oberarzt bzw. Chefarzt supervidiert.

2.2 Studienaufbau

In diesem Kapitel werden Studienziel, Studiendesign und Intervention beschrieben.

2.2.1 Ziel

Das Ziel der Studie war, zu überprüfen, ob der Ansatz des Proaktiven Aufnahmemanagements und der ärztlichen Versorgung nach dem Consultant Concept (ProACC) zu einer Effizienzsteigerung bei der Behandlung der Patienten auf den neurologischen Normalstationen des Universitätsklinikums Münster führt. Zielgrößen und damit Endpunkte der Studie waren (i) die Anzahl der in den definierten Zeiträumen behandelten Patienten, (ii) die durchschnittliche Verweildauer und (iii) der in den Zeiträumen jeweils erzielte Case Mix.

2.2.2 Studiendesign

Die Studie wurde als retrospektiver Prä-post-Vergleich durchgeführt. Verglichen wurde eine Patientengruppe vor Einführung des ProACC mit einer Patientengruppe nach dessen Etablierung. Als Interventionsgruppe wurde die Kohorte der Patienten gewählt, die vom 01.01. bis 30.06.2009 in das UKM aufgenommen wurden und mindestens eine 60-minütige Behandlungszeit auf einer neurologischen Normalstation hatten. Die Kontrollgruppe bestand aus Patienten, die vom 01.01. bis 30.06.2008 in das UKM aufgenommen wurden und mindestens eine 60-minütige Behandlungszeit auf einer neurologischen Normalstation hatten (vgl. Abb. 2.1).

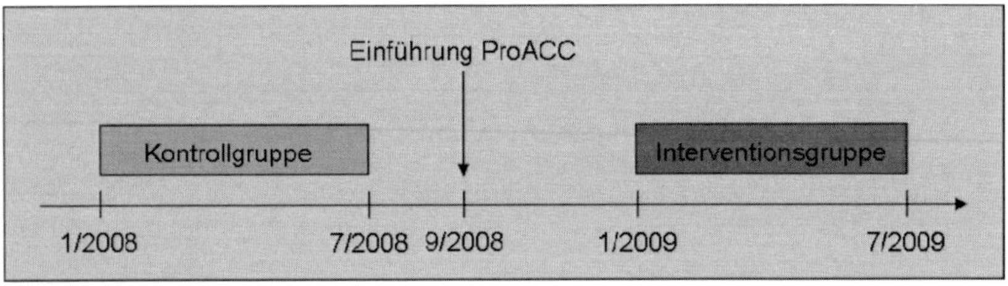

Abb. 2.1: Studiendesign ProACC

2.2.3 Intervention

Die Intervention bestand in der Einführung des ProACC in der Klinik und Poliklinik für Neurologie im September 2008. ProACC lässt sich wie folgt charakterisieren (vgl. auch Abb. 2.2):

1. **Pro**aktives **A**ufnahmemanagement: Die Aufnahme von Patienten auf die Normalstationen wird von einem Facharzt hauptverantwortlich koordiniert. Im Einzelnen erfüllt er folgende Aufgaben und Funktionen:
   - Er ist Ansprechpartner für externe Einweiser (niedergelassene Ärzte, andere Kliniken), die Notaufnahme, andere UKM-Kliniken und die neurologischen Akutstationen.
   - Bereits am Vortag werden von ihm die für die vorgesehenen Aufnahmen des Folgetages erforderlichen Ressourcen identifiziert und gegebenenfalls durch den Anstoß geeigneter Maßnahmen, wie die Entlassung oder Verlegung von Patienten, geschaffen.
   - Im laufenden Tagesgeschäft ist er Ansprechpartner für akut erforderlich werdende Bettenkapazitäten auf den neurologischen Normalstationen, z. B. für Notfallaufnahmen.
   - Falls im Tagesverlauf ungeplant Bettenkapazitäten frei werden, werden von ihm potenzielle Interessenten, wie etwa die Akutstationen der Neurologie, externe Kliniken, die zuvor einen Verlegungswunsch geäußert hatten, oder auch Patienten, denen bereits ein anderer Aufnahmetermin zugeteilt wurde, aktiv kontaktiert.
2. Ärztliche Versorgung nach dem **C**onsultant **C**oncept: Die ärztliche Organisation auf den Normalstationen folgt dem in der Klinik für Neurologie des Universitätsklinikums Köln etablierten Consultant Concept (vgl. Schroeter und Fink, 2008, S. 1124 f.). Hierbei werden die neu auf die Nor-

malstationen aufzunehmenden Patienten gleichmäßig und stationsübergreifend den in diesem Bereich eingesetzten Stationsärzten zugewiesen. Ausgenommen von diesem Verteilungsalgorithmus sind lediglich die schlafmedizinisch zu betreuenden Patienten und die Wahlleistungspatienten. Diese werden von den für sie zuständigen Ärzten betreut (vgl. Kap. 2.1). Während im klassischen Stationsarztmodell sich die Zahl der auf einen Arzt entfallenden Neuaufnahmen durch die Anzahl der auf seiner Station freien Betten, also durch die Zahl der von ihm entlassenen Patienten, bestimmt und so unvermeidlich starke Schwankungen der Arbeitsbelastung resultieren, gelingt es mithilfe der stationsübergreifenden Versorgung des Consultant Concepts, einen gleichmäßigen Patientenstrom für die auf den Normalstationen eingesetzten Ärzte zu schaffen (vgl. Schroeter und Fink, 2008, S. 1125). Zudem werden in diesem Versorgungsmodell zügige Entlassungen nicht durch eine unverhältnismäßig hohe

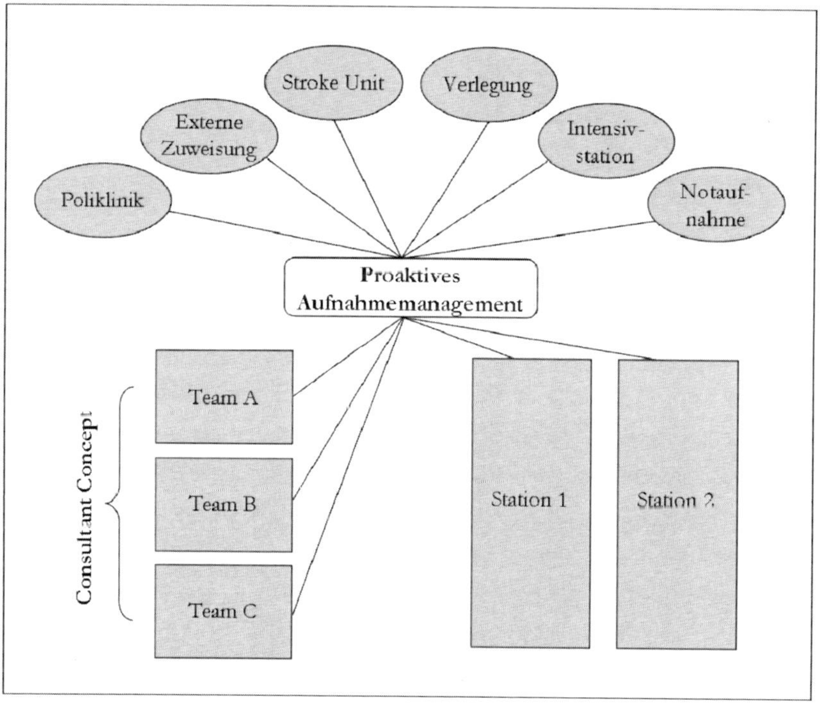

Abb. 2.2: Zusammenwirken von Proaktivem Aufnahmemanagement und Consultant Concept

Zahl von Neuaufnahmen „bestraft", was im klassischen Konzept in der Regel der Fall ist, sondern durch eine Reduktion der Zahl parallel zu behandelnder Patienten „belohnt", da die neu aufzunehmenden Patienten ja gleichmäßig unter allen Ärzten verteilt werden (vgl. Schroeter und Fink, 2008, S. 1125).

2.3 Datenerhebung

Grundlage der Auswertung im Rahmen dieser Arbeit waren fallbezogene Daten aus den Krankenhausinformationssystemen (medico//s der Firma Siemens und Orbis der Firma Agfa HealthCare) des Universitätsklinikums Münster. Berücksichtigt wurden sämtliche, für die DRG-Gruppierung notwendige Daten (Datensatz gemäß § 21 KHEntgG). Die DRG-Gruppierung der Daten erfolgte mit einem zertifizierten Gruppierungsprogramm in der Version 2008/2010 und 2009/2010 (GetDRG® der Firma GEOS, Nürnberg). Im Rahmen der weiteren Analysen wurde mit MS-Excel® 2003 gearbeitet. Die Gruppierung in klinische Leistungsgruppen (KLG) erfolgte mithilfe des von Roeder und Mitarbeitern entwickelten KLG-Grouper. Folgende Daten wurden in den beiden Patientenkollektiven systematisch erhoben:

- Geburtsdatum und Patientenalter
- Geschlecht
- Datum der Patientenaufnahme
- Datum der Patientenentlassung
- Verweildauer am UKM in Tagen
- Verweildauer auf der Normalstation in Tagen: Neben der fallspezifischen Verweildauerdokumentation wurden als Vorbereitung für weitere Analysen die Kollektive der Kontroll- und Studiengruppe nach steigender Verweildauer geordnet und anschließend in fünf jeweils gleichgroße Verweildauergruppen (Quintile) gegliedert.
- Aufnahmegrund: Unterschieden wurden elektive und nicht elektive Aufnahmen. Letztere wurden weiter in „Notfallaufnahmen", „Verlegungen aus dem Akutbereich der Neurologie" (Stroke Unit neurologische Intensivstation), „Verlegungen aus einer anderen UKM-Klinik" und „Verlegungen aus einer externen Klinik" differenziert.
- Diagnose nach ICD-10

- Klinische Leistungsgruppe: Unterschieden wurden die folgenden Leistungsgruppen: Schlaganfall, Schlafmedizin, Epilepsiediagnostik und -behandlung, Multiple Sklerose Diagnostik und Therapie, Kopfschmerz, neuromuskuläre Erkrankungen, sonstige Infektionen, Parkinson und Multisystematrophie, Demenzen, Schwindel, Pseudotumor, Synkopen, somatoforme Störungen, andere Behandlungsfälle, andere Behandlungsfälle mit speziellen nicht operativen Behandlungen, andere Behandlungsfälle mit operativem Eingriff, unbewertete DRGs.
- PCCL-Wert: Der PCCL-Wert beschreibt den patientenbezogenen Gesamtschweregrad auf einer aufsteigenden ganzzahligen Skala von 0 bis 4.
- Kurzlieger: Als Kurzlieger werden im DRG-System Fälle bezeichnet, deren Verweildauer unter einer unteren Grenzverweildauer liegt (vgl. Goldschmidt et al., 2005). Für die Datenauswertung wurden hier die Parameter „Anzahl der Kurzlieger", „Anzahl der Tage mit Unterschreiten der unteren Grenzverweildauer je Behandlungsfall" und „Kurzliegerabschläge" (in CM-Punkten als Summe der Bewertungsrelationen, die als Abschlag für die Unterschreitung der unteren Grenzverweildauer anfallen) unterschieden.
- Erlös (in CM-Punkten)

2.4 Statistik

Für die statistische Auswertung wurde das Programm Statistica for Windows® Version 4.1 verwandt. Der Zwei-Gruppen-Vergleich wurde für kategoriale Daten mithilfe des Chi-Quadrat-Tests und für kontinuierliche Daten mit dem Student-t-Test durchgeführt. Wurden mehrere Gruppen miteinander verglichen, so wurde für kategoriale Daten der Kruskal Wallis-Test und für kontinuierliche Daten die Varianzanalyse genutzt (vgl. du Prel et al., 2010, S. 343 ff.).

3 Ergebnisse

In diesem Kapitel werden die Ergebnisse der Studie dargestellt. Nach einer Beschreibung der Hauptbefunde werden zunächst die Resultate der fallzahlenbezogenen Analyse beschrieben, bevor anschließend die Daten zur Verweildauer und zur Erlössituation präsentiert werden.

3.1 Der Hauptbefund

Im ersten Halbjahr 2008 wurden auf den neurologischen Normalstationen 1213 Patienten behandelt, im gleichen Zeitraum ein Jahr später betrug die Patientenzahl 1397. Dies entspricht einer Fallzahlsteigerung von 15,2 %. Parallel hierzu gelang eine hochsignifikante Verkürzung der Verweildauer von 6,47 Tagen in 2008 auf 5,64 Tage in 2009. Dies entspricht einem Verweildauerrückgang von 12,8 % (vgl. Abb. 3.1). Die Patientenbehandlungstage (durch-

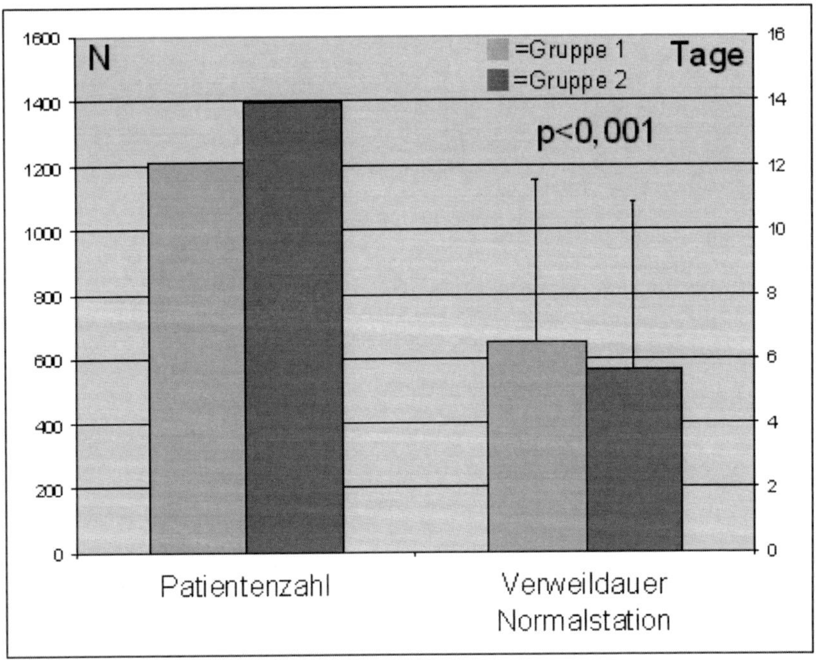

Abb. 3.1: Darstellung der Hauptbefunde (N = Patientenanzahl; Tage = durchschnittliche Verweildauer auf der Normalstation in Tagen; Gruppe 1 = Kontrollgruppe; Gruppe 2 = Interventionsgruppe)

schnittliche Verweildauer × Patientenzahl) unterschieden sich in beiden Zeiträumen hingegen nur geringfügig und betrugen 7853,7 Tage in 2008 und 7876,9 Tage in 2009 (Differenz 23,2 Tage, 0,29 %).

3.2 Beschreibung der Kollektive

Für die präzise Interpretation der beschriebenen Hauptbefunde ist zunächst zu prüfen, ob die beiden Patientenkollektive ausreichend vergleichbar sind. Insbesondere muss überprüft werden, ob die gefundenen Gruppenunterschiede im Hinblick auf Patientenzahl und Verweildauer nicht nur durch die vorgenommene Intervention, sondern zusätzlich durch einen anderen, systematischen Bias erklärt werden können. Als relevante, mögliche Confounder sind hier vor allem das Patientenalter und die Schwere der Komorbidität, gemessen anhand des PCCL-Levels, zu betrachten. Wie in Tabelle 3.1 dargestellt, sind Patientenalter und PCCL-Level ebenso wie die Geschlechterverteilung der beiden Gruppen nahezu identisch.

Tabelle 3.1: Epidemiologische Eckdaten der Patientenkollektive
(N = Patientenanzahl; stabw = Standardabweichung)

	Gruppe 1	Gruppe 2	p-Wert
N	1213	1397	
Frauen (%)	593 (48,8)	649 (46,5)	0,215
Alter [a] (stabw)	54,9 (±17,8)	54,6 (±18,3)	0,629
PCCL (stabw)	1,08 (±1,34)	1,09 (±1,34)	0,856

Auch die Verteilung der einzelnen Komplexitätsgrade ist zwischen den Gruppen vergleichbar und zeigt übereinstimmend bei mehr als der Hälfte der Patienten ein geringes Komorbiditätsniveau (PCCL = 0 oder PCCL = 1), während sich mit nahezu linear abnehmender Häufigkeit die PCCL-Level 2 bis 4 in beiden Gruppen finden (vgl. Abb. 3.2).

Bemerkenswerterweise stimmen diese epidemiologischen Basisgrößen auch für die einzelnen klinischen Leistungsgruppen der beiden Studiengruppen in einem hohen Maße überein.

Wie in Tabelle 3.2 zusammengefasst, findet sich ein signifikanter Altersunterschied lediglich in der Gruppe der Patienten mit somatoformen Störungen. Zusätzlich ist in der klinischen Leistungsgruppe Pseudotumor der PCCL-

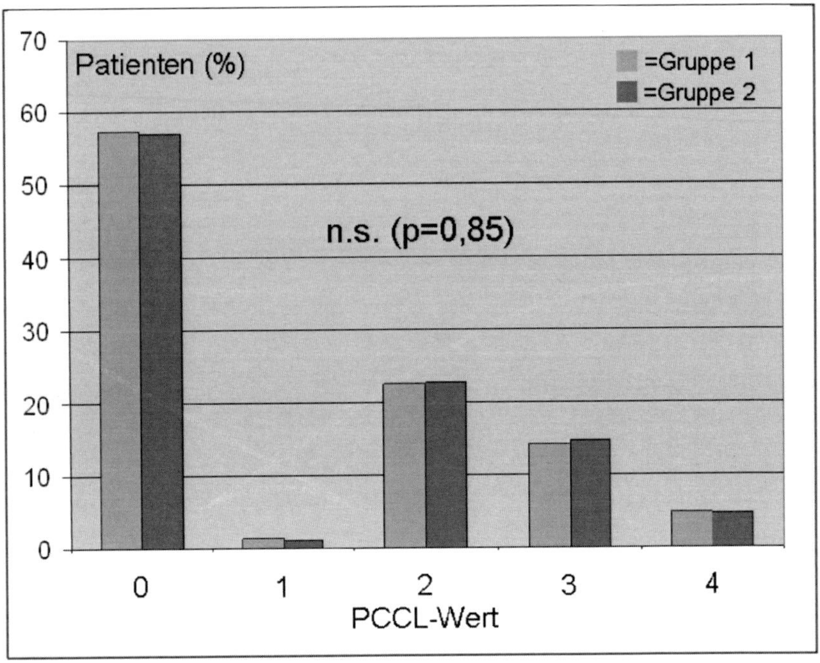

Abb. 3.2: Verteilung der PCCL-Werte in den beiden Patientenkollektiven (n. s. = nicht signifikant)

Level der Kontrollgruppe (Gruppe 1) mit durchschnittlich 2,0 signifikant größer als der der Interventionsgruppe (Gruppe 2). Da die Fallzahlen in beiden Gruppen, wie unten noch dargestellt wird, relativ gering sind, haben diese gruppenspezifischen Abweichungen keinen Einfluss auf das Gesamtergebnis. Ein vergleichbares Bild ergibt die nach der Aufnahmemodalität differenzierte Betrachtung der epidemiologischen Basisgrößen (vgl. Tab. 3.3). Auch hier finden sich in den Hauptkategorien „Elektivzuweisung" und „nicht elektive Aufnahmen" für Alters- und Geschlechtsverteilung sowie den PCCL-Wert nur geringfügige und sämtlich nicht signifikante Unterschiede zwischen der Kontroll- und der Interventionsgruppe. Einzig in der Subgruppe „Verlegungen aus einem externen Krankenhaus" weist die Kontrollgruppe ein höheres Komplexitätsniveau auf als die Interventionsgruppe.

Tabelle 3.2: Epidemiologische Eckdaten der Patientenkollektive differenziert nach klinischen Leistungsgruppen (a = Jahre; MW = Mittelwert; ** = signifikanter Unterschied zwischen den Gruppen (p < 0,01))

		Alter [a] (stabw)	Frauen [%]	PCCL					
				MW	0	1	2	3	4
Schlaganfall	1	64,8 (14,0)	46,2	1,66 (1,41)	36,1	3,8	28,2	21,8	10,1
	2	65,2 (14,9)	45,2	1,73 (1,40)	33,7	4,4	25,5	27,6	8,8
Schlaf-medizin	1	55,1 (16,6)	35,3	0,51 (0,98)	77,9	0	16,3	5,3	0,5
	2	54,7 (17,2)	34,8	0,61 (1,00)	72,0	0	23,0	5,0	0
Epilepsie	1	52,4 (21,2)	47,5	1,26 (1,38)	51,1	0	27,3	15,1	6,5
	2	50,5 (20,3)	47,8	1,02 (1,28)	58,4	1,2	23,0	14,9	2,5
Multiple Sklerose	1	43,1 (12,4)	65,5	0,64 (1,08)	72,6	0	17,9	9,5	0
	2	41,1 (13,3)	55,7	0,70 (1,07)	68,3	1,0	23,1	7,7	0
Kopfschmerz	1	41,8 (16,5)	72,4	0,53 (0,96)	75,5	0	20,4	4,1	0
	2	42,4 (14,0)	58,5	0,29 (0,81)	87,8	0	7,3	4,9	0
neuromus-kuläre Er-krankungen	1	59,4 (14,9)	47,9	1,27 (1,00)	55,6	0,7	29,2	11,1	3,5
	2	57,7 (15,8)	51,1	1,27 (0,99)	51,0	0	32,4	13,8	2,8
sonstige Infektionen	1	42,1 (14,2)	52,6	1,40 (1,44)	47,4	1,8	19,3	26,3	5,3
	2	46,6 (18,8)	54,5	1,30 (1,64)	60,0	0	3,6	23,6	12,7
Parkinson	1	67,3 (9,8)	45,5	0,50 (0,96)	77,3	0	18,2	4,5	0
	2	67,2 (8,0)	36,8	0,53 (1,07)	78,9	0	10,5	10,5	0
Demenz	1	66,5 (15,0)	50,0	1,34 (1,38)	43,8	9,3	21,9	18,8	6,3
	2	58,9 (21,0)	42,3	1,15 (1,26)	50,0	0	38,5	7,7	3,8
Schwindel	1	53,4 (18,3)	64,0	0,44 (0,91)	80,0	0	16,0	4,0	0
	2	55,0 (19,3)	53,3	0,73 (1,10)	66,7	0	26,7	6,7	0
Pseudotumor	1	47,2 (12,6)	80,0	2 (1,22) **	20,0	0	40,0	40,0	0
	2	47,3 (13,0)	50,0	0 (0)	100	0	0	0	0
Synkope	1	57,3 (22,0)	50	1,1 (1,52)	60,0	0	20,0	10,0	10,0
	2	53,0 (46,7)	100	0 (0)	100	0	0	0	0
somatoforme Störungen	1	48,3 (15,3)**	44,7	0,63 (0,94)	68,4	0	31,6	0	0
	2	39,4 (12,7)	52,4	0,53 (1,04)	78,6	0	11,9	9,5	0
andere	1	52,2 (17,9)	54,0	1,24 (1,47)	55,2	1,2	15,3	20,9	7,4
	2	53,4 (17,6)	48,2	1,36 (1,52)	51,8	0	20,0	16,4	11,8
unbewertete DRGs	1	41,0 (13,5)	47,0	1,12 (1,45)	58,8	0	17,6	17,6	5,9
	2	46,4 (18,7)	80,0	1,10 (1,20)	50,0	0	40,0	10,0	0

Tabelle 3.3: Epidemiologische Basisgrößen der Patientenkollektive differenziert nach Aufnahmemodalität (* = signifikanter Unterschied zwischen den Gruppen (p < 0,05))

		Alter [a] (stabw)	Frauen [%]	PCCL					
				MW	0	1	2	3	4
elektiv	1	53,6 (15,8)	46,7	0,73 (1,12)	68,5	0,2	22,5	7,4	1,4
	2	53,4 (16,6)	44,0	0,80 (1,17)	66,4	0	22,8	9,0	1,9
nicht elektiv	1	56,0 (19,3)	50,7	1,37 (1,43)	47,7	2,8	22,5	19,9	7,6
	2	55,7 (19,8)	49,0	1,38 (1,43)	47,3	2,3	22,6	21,2	7,5
Notfall	1	48,9 (19,8)	51,7	0,89 (1,24)	63,7	0,9	19,2	14,5	1,6
	2	48,1 (19,1)	51,1	0,97 (1,27)	60,9	1,1	20,7	14,9	2,3
Verlegung Stroke/ICU	1	63,3 (15,8)	50,1	1,77 (1,43)	33,3	3,9	27,2	23,3	12,3
	2	64,8 (16,6)	47,6	1,79 (1,41)	32,3	3,8	26,0	27,6	10,2
Verlegung UKM	1	55,5 (19,8)	42,1	2,05 (1,68)	36,8	0	5,3	36,8	21,1
	2	52,2 (19,2)	26,3	2,37 (1,92)	36,8	0	5,3	5,3	52,6
Verlegung extern	1	57,8 (21,3)	53,8	2,62 (1,32) *	15,4	0	15,4	46,2	23,1
	2	44,9 (16,7)	53,8	1,15 (1,62)	61,5	0	15,4	7,7	15,4

Zusammenfassend zeigt diese Analyse, dass die Kontroll- und Interventionsgruppe hinsichtlich der erfassten, epidemiologischen Basisgrößen keine relevanten Unterschiede aufweisen und somit vergleichbar sind.

3.3 Fallzahlanalyse

Bei der Analyse der Fallzahlen wird zwischen einer Fallzahlentwicklung im Zeitverlauf und einer Fallzahlentwicklung in Abhängigkeit von Diagnose und Aufnahmeanlass unterschieden, um die tatsächliche Wirkung des Aufnahmemanagements beurteilen zu können.

3.3.1 Fallzahlentwicklung im Zeitverlauf

Wie in Kapitel 3.1 dargestellt wurden im ersten Halbjahr 2009 auf den neurologischen Normalstationen 184 Patienten mehr behandelt als im gleichen Zeitraum 2008. Die Betrachtung der Fallzahlen pro Monat zeigt zum einen, dass in der Interventionsgruppe mit durchschnittlich 232,8 Fällen signifikant mehr Fälle pro Monat behandelt wurden als in der Kontrollgruppe mit im Mittel 202,2 Fällen (vgl. Abb. 3.3).

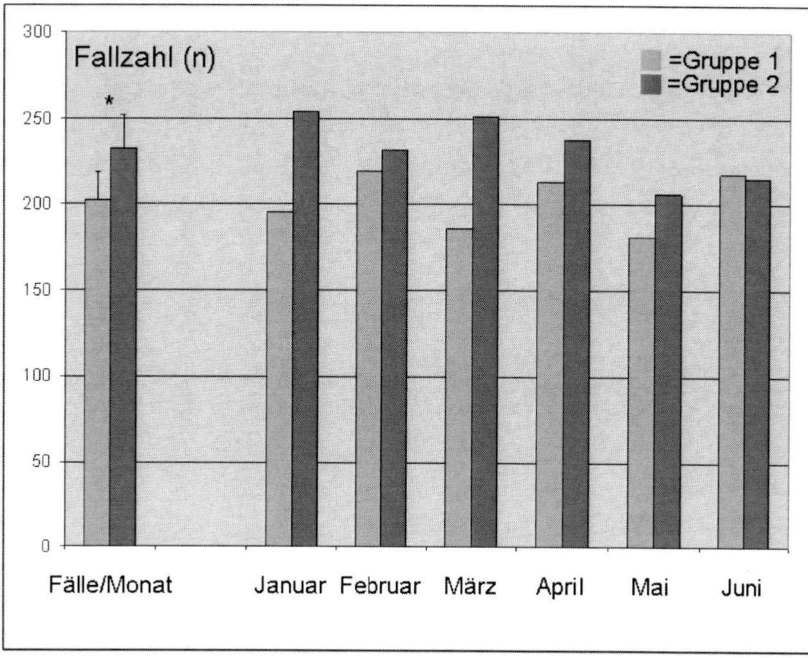

Abb. 3.3: Fallzahlen pro Monat in der Interventions- und Kontrollgruppe (* = $p < 0{,}05$)

Zum anderen geht aus dem Diagramm hervor, dass die Fallzahlen zu beiden Studienzeitpunkten erheblichen monatlichen Schwankungen unterworfen waren. So betrugen die Fallzahlen in der Kontrollgruppe minimal 181 und maximal 220 Patienten (Differenz: 39 Patienten). In der Interventionsgruppe fand sich sogar eine Schwankungsbreite von 48 Fällen, die sich aus einem Maximum von 254 und einem Minimum von 206 Fällen ergab. In beiden Gruppen wurde im Mai die jeweils geringste Fallzahl behandelt. Die fallzahlstärksten Monate waren für die Kontrollgruppe Februar und Juni und für die Interventionsgruppe Januar und März. In den beiden letztgenannten Monaten war die Fallzahldifferenz zwischen beiden Studiengruppen mit 59 bzw. 66 Patienten zugunsten der Interventionsgruppe am größten. Demgegenüber war der Unterschied in den Monaten Februar, April und Mai mit 12 bzw. jeweils 25 erheblich geringer. Im Juni wurden sogar einmalig drei Fälle mehr in der Kontrollgruppe behandelt.

Zusammenfassend wurden in der Interventionsgruppe pro Monat signifikant mehr Patienten behandelt als in der Kontrollgruppe. Gerade in der Interventionsgruppe waren allerdings erhebliche monatliche Fallzahlschwankungen festzustellen. Erstaunlicherweise zeigten insbesondere die Monate Januar und März, die zum Kontrollzeitpunkt noch relativ geringe Fallzahlen aufwiesen, die im Beobachtungszeitraum höchsten Fallzahlen.

3.3.2 Fallzahlentwicklung in Abhängigkeit von Diagnose und Aufnahmeanlass

Um abschätzen zu können, in welcher Weise die Intervention, also die Einführung des Aufnahmemanagements, ihre Wirkung entfaltet hat, ist anschließend zu analysieren, ob und wenn ja in welchen Patientenkollektiven, eine besondere Leistungssteigerung zu verzeichnen war. Abbildung 3.4 zeigt, dass insbesondere die Anzahl elektiv aufgenommener Patienten erheblich gesteigert werden konnte und zwar um 26,5 % von 555 auf 702 Fälle.

Auch nicht elektiv zugewiesene Patienten wurden im ersten Halbjahr 2009 häufiger behandelt als ein Jahr zuvor. Allerdings fiel die Leistungssteigerung mit 5,6 % (37 Fälle) deutlich niedriger aus. Die größte Steigerung gelang hier auf dem Sektor der Notfallaufnahmen (+9,8 %), während Übernahmen von der neurologischen Intensivstation oder Stroke Unit nur geringfügig häufiger registriert wurden (+2,3 %) und Verlegungen aus anderen Kliniken des UKM oder aus externen Kliniken unverändert selten stattfanden. Aufgrund der erheblichen Zunahme der elektiven Krankenhausfälle ergab sich eine signifikante Änderung des Verhältnisses elektiv versus nicht elektiv behandelter Patienten (vgl. Abb. 3.4).

Auch die differenzierte Betrachtung der verschiedenen, nach klinischen Leistungsgruppen gegliederten Diagnosen offenbart erhebliche Unterschiede zwischen der Kontroll- und der Interventionsgruppe. So geht aus Abbildung 3.5 hervor, dass in jeder klinischen Leistungsgruppe, in der mindestens 100 Patienten im Beobachtungszeitraum behandelt wurden, ein Fallzahlzuwachs zu verzeichnen war. Dieser fiel mit 48,4 % (92 Patienten) in der Gruppe der schlafmedizinisch behandelten Patienten am größten aus, aber auch die Leistungsgruppen Schlaganfall (+23,5 %, 56 Patienten), Multiple Sklerose

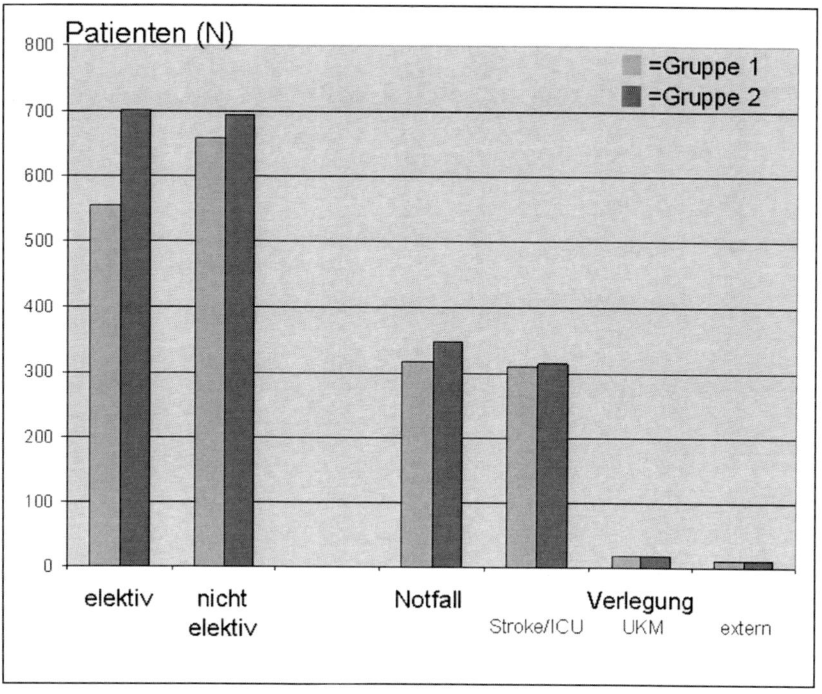

Abb. 3.4: Fallzahlen differenziert nach Aufnahmemodalität (Stroke = Stroke Unit; ICU = Intensiv Care Unit; UKM = andere Kliniken des UKM; extern = externe Kliniken)

(+23,8 %, 20 Patienten), Epilepsie (+15,8 %, 22 Patienten) sowie die Sammelgruppe andere Behandlungsfälle (+19,6 %, 32 Patienten) erzielten zweistellige Zuwachsraten.

Ein prozentual relevanter Fallzahlrückgang, der aber aufgrund der jeweils niedrigen Fallzahlen nur von eingeschränkter Aussagekraft ist, wurde bei den Leistungsgruppen Kopfschmerz (–16,3 %, 8 Patienten), Parkinson (–13,6 %, 3 Patienten), Demenzen (–18,8 %, 6 Patienten), Schwindel (–40 %, 10 Patienten) und Synkopen (–80 %, 8 Patienten) gefunden. Die statistische Auswertung ergab einen hochsignifikanten Unterschied der beiden Gruppen im Hinblick auf die Verteilung der Fälle auf die einzelnen Diagnosegruppen (Kruskal-Wallis-Test, H = 7,17, p = 0,0074). Der daraufhin mögliche Paarvergleich mithilfe des Chi-Quadrat-Tests wies für die Leistungsgruppe Schlafmedizin einen hochsignifikanten Unterschied aus (vgl. Abb. 3.5).

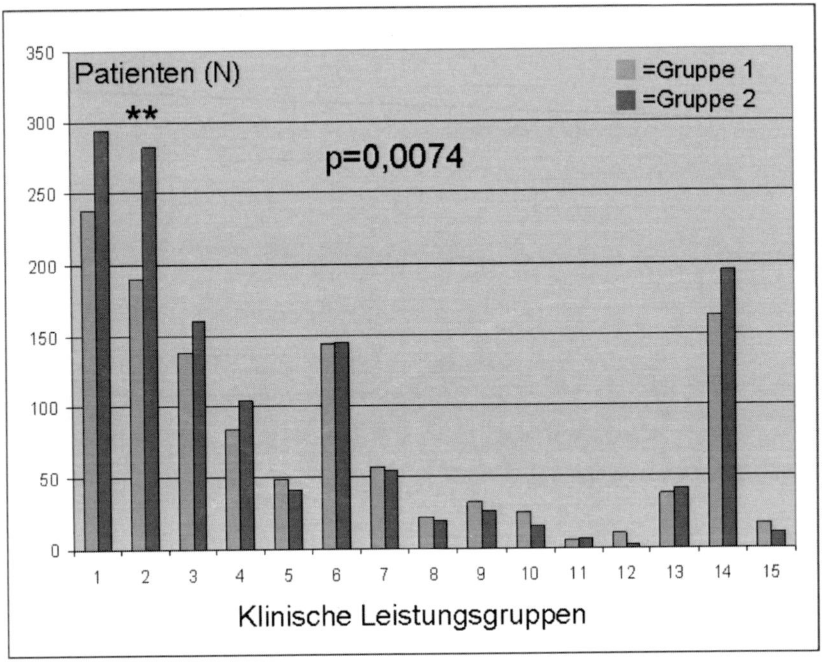

Abb. 3.5: Fallzahlen differenziert nach klinischen Leistungsgruppen (Kruskal-Wallis-Test mit p = 0,0074 hochsignifikant; Post-hoc-Testung ergab signifikante Zunahme des Anteils der schlafmedizinisch behandelten Patienten) (** = p < 0,01; 1 = Schlaganfall; 2 = Schlafmedizin; 3 = Epilepsie; 4 = Multiple Sklerose; 5 = Kopfschmerz; 6 = neuromuskuläre Erkrankungen; 7 = sonstige Infektionen; 8 = Parkinson; 9 = Demenzen; 10 = Schwindel; 11 = Pseudotumor; 12 = Synkopen; 13 = somatoforme Störungen; 14 = andere Behandlungsfälle; 15 = unbewertete DRGs)

In einem letzten Schritt erfolgt eine Analyse der Aufnahmemodalitäten innerhalb der einzelnen klinischen Leistungsgruppen. In Abbildung 3.6 ist der Anteil der Elektivpatienten für die einzelnen Diagnosegruppen aufgeschlüsselt.

Aus dieser Darstellung geht hervor, dass zumindest für die fallzahlstarken klinischen Leistungsgruppen Schlaganfall, Schlafmedizin, Epilepsie, Multiple Sklerose, neuromuskuläre Erkrankungen sowie die Restgruppe der anderen Behandlungsfälle der Anteil an Elektivpatienten in den beiden Studiengruppen annähernd gleich ausgeprägt ist. In Übereinstimmung mit der oben erwähnten Beobachtung, dass gerade der Elektivsektor eine überproportionale Leistungssteigerung erfahren hat, weist die Schlafmedizin als ein wesentlicher Motor der Leistungssteigerung (+48,4 %) eine fast 100%ige

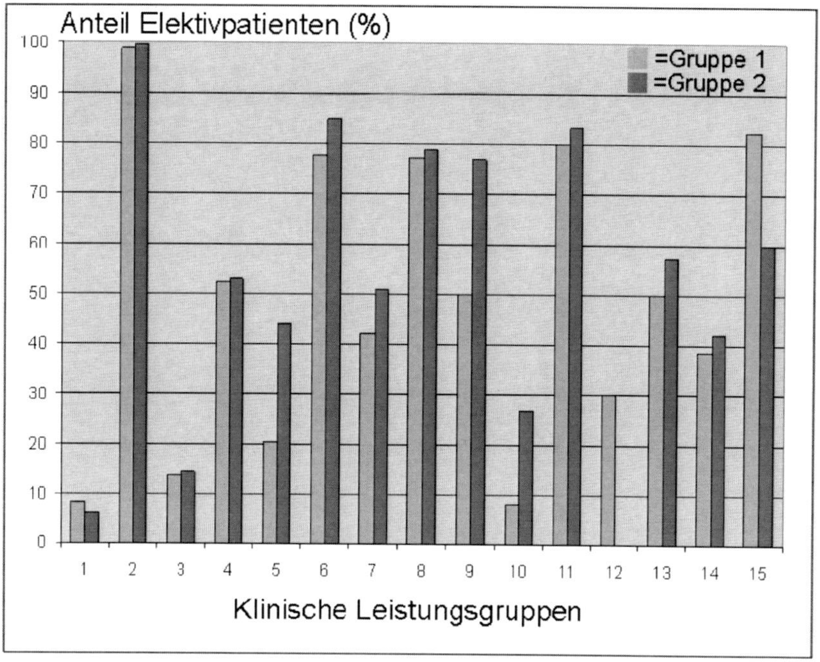

Abb. 3.6: Anteil der Elektivpatienten innerhalb der einzelnen klinischen Leistungsgruppen (1 = Schlaganfall; 2 = Schlafmedizin; 3 = Epilepsie; 4 = Multiple Sklerose; 5 = Kopfschmerz; 6 = neuromuskuläre Erkrankungen; 7 = sonstige Infektionen; 8 = Parkinson; 9 = Demenzen; 10 = Schwindel; 11 = Pseudotumor; 12 = Synkopen; 13 = somatoforme Störungen; 14 = andere Behandlungsfälle; 15 = unbewertete DRGs)

Elektivquote auf. Analog hierzu sind auch die Ergebnisse der Diagnosegruppen Multiple Sklerose und andere Behandlungsfälle zu interpretieren. So ist die Elektivquote der Leistungsgruppe Multiple Sklerose mit gut 50 % nur halb so groß wie die der Leistungsgruppe Schlafmedizin und auch die in diesem Patientenklientel erzielte Leistungssteigerung beträgt mit +23,8 % etwa die Hälfte des auf dem Gebiet der Schlafmedizin erreichten Zuwachses. Die Sammelgruppe der anderen Behandlungsfälle weist mit ca. 40 % einen noch niedrigeren Anteil an Elektivpatienten auf und, den beschriebenen Trend fortsetzend, bleibt mit einer Leistungssteigerung von +19,6 % noch weiter hinter den anderen Gruppen zurück. Mit diesem Modell, das eine Prädiktion der prozentualen Fallzahländerung nach der Formel Elektivquote/2 nahelegt, stimmt die Leistungsgruppe neuromuskuläre Erkrankungen allerdings nicht überein. Trotz einer Elektivquote von annähernd

80 % in 2008 blieb die Fallzahl in 2009 gegenüber dem Vorjahr nahezu unverändert (+0,7 %).

Ebenfalls nicht in diesen Trend passt die Fallzahlentwicklung der Schlaganfallpatienten. Trotz eines erwartungsgemäß niedrigen Anteils an Elektivpatienten von weniger als 10 % war in dieser Leistungsgruppe, wie oben dargestellt, eine Steigerung der Fallzahl von fast 25 % zu verzeichnen. Offensichtlich muss für diese Entwicklung eine andere Modifikation des Patientenmanagements verantwortlich sein als diejenige, die bei der optimierten Versorgung der Elektivpatienten zum Tragen kam.

Diesen Abschnitt zusammenfassend lässt sich festhalten, dass die Fallzahlsteigerung im Beobachtungszeitraum ganz wesentlich auf einen Ausbau des Elektivgeschäfts zurückzuführen ist. Entsprechend findet sich in mehreren fallzahlstarken klinischen Leistungsgruppen eine mit dem Anteil der elektiv aufgenommenen Patienten positiv korrelierende Zunahme der Patientenzahl. Wie insbesondere die Betrachtung der Gruppe der Schlaganfallpatienten zeigt, haben die Modifikationen des Patientenmanagements, wenn auch in einem geringeren Ausmaß, zusätzlich eine Leistungssteigerung auf dem Gebiet der nicht elektiven Patientenversorgung induziert.

3.4 Verweildaueranalyse

Neben der eben besprochenen Fallzahlsteigerung ist die Verweildauerverkürzung auf der Normalstation um 0,9 Tage (13,8 %) das zweite wesentliche Ergebnis, das nun in diesem Kapitel näher zu analysieren ist. Dabei müssen zunächst sowohl die Gruppenzugehörigkeit als auch Prädikatoren der Verweildauer berücksichtigt werden.

3.4.1 Gruppenvergleich

Abbildung 3.7 stellt zunächst die Verweildauer in Abhängigkeit von den verschiedenen Aufnahmemodalitäten dar.

Sowohl für die Gruppe der elektiv als auch für die Gruppe der nicht elektiv aufgenommenen Patienten lässt sich eine signifikante Verkürzung der Verweildauer feststellen. So blieben die Elektivpatienten in der ersten Jahreshälfte 2009 durchschnittlich 0,66 Tage (–12,7 %) und die nicht elektiven Patienten im Mittel 0,81 Tage (–10,7 %) kürzer auf der Normalstation als im

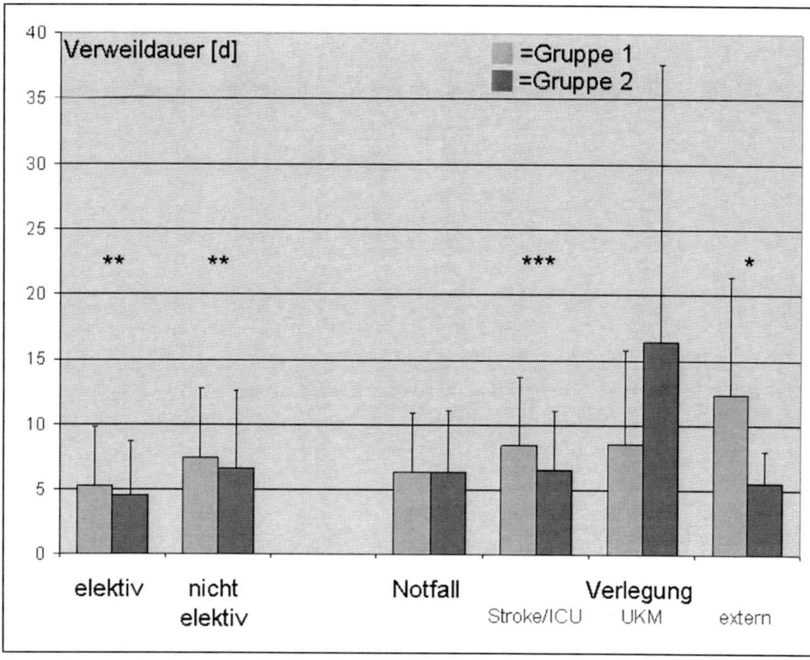

Abb. 3.7: Verweildauer differenziert nach Aufnahmemodalität (d = Tage; * = p < 0,05; ** = p < 0,01; *** = p < 0,001)

Vergleichszeitraum 2008. In der weiter differenzierten Gruppe der nicht elektiven Aufnahmen fand sich insbesondere für die zahlenmäßig große Gruppe der von der Stroke Unit bzw. Intensivstation auf die Normalstation verlegten Patienten eine hochsignifikante Verweildauerverkürzung von 1,83 Tagen (–21,8 %). Die für die Gruppen der UKM-internen und der externen Verlegungen bestimmten relativ großen Unterschiede zwischen der Interventions- und Kontrollgruppe sind aufgrund der hier geringen Fallzahlen (jeweils N = 13) von eingeschränkter Aussagekraft.

Gerade für die nicht elektiven Aufnahmen ist in einem weiteren Schritt zu prüfen, ob die beschriebene Verweildauerverkürzung auf der Normalstation nicht durch eine Verlängerung der Behandlung auf der zuweisenden Station bzw. Klinik mitbegründet ist. In Tabelle 3.4 ist daher zusätzlich die Gesamtverweildauer im UKM differenziert nach der Aufnahmemodalität dargestellt.

Tabelle 3.4: Gesamtverweildauer und Verweildauer auf der Normalstation differenziert nach der Aufnahmemodalität

		Verweildauer gesamt	Verweildauer Normalstation	Δ VWDges. – VWDNS
elektiv	1	5,34 (4,87)	5,24 (4,55)	0,1
	2	4,91 (7,37)	4,58 (4,16)	0,33
	Δ 1 – 2	0,43	0,66	
nicht elektiv	1	11,44 (9,60)	7,52 (5,21)	3,92
	2	10,84 (11,44)	6,71 (5,89)	4,13
	Δ 1 – 2	0,60	0,81	
Notfall	1	7,64 (8,51)	6,38 (4,49)	1,26
	2	7,39 (6,45)	6,35 (4,75)	1,04
	Δ 1 – 2	0,25	0,03	
Verlegung Stroke/ICU	1	14,66 (8,99)	8,41 (5,26)	6,25
	2	12,83 (9,27)	6,58 (4,46)	6,25
	Δ 1 – 2	1,83	1,83	
Verlegung UKM	1	17,74 (11,08)	8,51 (7,32)	9,23
	2	40,79 (37,62)	16,37 (21,23)	24,42
	Δ 1 – 2	–23,05	–7,86	
Verlegung extern	1	16,82 (10,77)	12,38 (8,98)	4,44
	2	11,54 (11,36)	5,57 (2,42)	5,97
	Δ 1 – 2	5,28	6,81	

VWDges. = Verweildauer gesamt
VWDNS = Verweildauer auf der Normalstation
Δ VWDges. – VWDNS = Differenz der beiden Verweildauern

Erwartungsgemäß weist diese Aufstellung für die Elektivpatienten eine nur geringfügig von der Gesamtverweildauer abweichende Verweildauer auf der Normalstation aus. Grund für die Differenz sind vor allem im Anschluss an die Behandlung in der Neurologie erforderliche Weiterverlegungen in andere Kliniken des UKM, die zu einer Verlängerung der Gesamtverweildauer führten. Bei den Nicht-Elektiv-Patienten zeigt sich, dass auch die Gesamtverweildauer verkürzt werden konnte (–0,60 Tage), wobei diese Verweildauerreduktion allein durch die beschleunigte Behandlung auf der Normalstation zustande kam (–0,81 Tage). Die Subgruppenbetrachtung der Nicht-Elektiv-Patienten erlaubt noch zwei weitere Rückschlüsse: Zum einen führte die

Etablierung des Aufnahme- und Behandlungsmanagements nicht zu einer relevanten Verkürzung der Verweildauer der Notfallpatienten auf der Normalstation. Lediglich die dieses Patientensegment zum Teil nach Zuverlegung aus der Neurologie weiterbehandelnden Kliniken des UKM haben hier zu einer moderaten Reduktion der Gesamtverweildauer beigetragen (–0,25 Tage, 3,3 %). Ein ganz anderes Bild bietet zum anderen die relativ homogene Gruppe der von der Stroke Unit, bzw. Intensivstation auf die Normalstation verlegten Patienten. Hier ist die oben bereits erwähnte Verweildauerreduktion von 1,83 Tagen einzig auf die sich an die Akuttherapie anschließende schnellere Behandlung auf der Normalstation zurückzuführen, die Verweildauer dieses Patientenklientels auf den Akutstationen ist mit 6,25 Tagen in beiden Studiengruppen identisch. Wie oben bereits ausgeführt, wird auf die beiden letzten Subgruppen aufgrund der hier nur sehr niedrigen Fallzahlen nicht näher eingegangen.

Wie in der folgenden Abbildung 3.8 dargestellt, finden sich relevante Verweildauerunterschiede zwischen Kontroll- und Interventionsgruppe auch bei der Betrachtung der einzelnen klinischen Leistungsgruppen. Besonders hervorzuheben sind hier die signifikanten Verweildauerverkürzungen der fallzahlstarken Diagnosegruppen Schlaganfall (–1,09 Tage, –13,9 %; $p < 0{,}01$), Epilepsie (–1,04 Tage, –16,9 %; $p < 0{,}05$) und Multiple Sklerose (–1,17 Tage, –19,6 %; $p < 0{,}05$). Eine signifikant zügigere Behandlung erfuhr darüber hinaus noch die kleine Gruppe der Demenzpatienten (–2,53 Tage, –26,4 %; $p < 0{,}05$), während die uneinheitliche und ebenfalls fallzahlschwache Gruppe der unbewerteten DRGs 2009 eine signifikant höhere Verweildauer aufwies (+3,29 Tage, +47,5 %; $p < 0{,}05$). Bemerkenswert ist ferner, dass acht der restlichen zehn klinischen Leistungsgruppen 2009 eine (nicht signifikante) Verweildauerverkürzung erfuhren und nur bei zwei weiteren eine (nicht signifikante) Verlängerung der Behandlungszeit festzustellen war.

Aus der Zusammenschau mit der leistungsgruppenspezifischen Fallzahlanalyse (vgl. Abb. 3.5 oben) geht schließlich hervor, dass zumindest in den Diagnosegruppen mit einer Fallzahl größer als 100 erwartungsgemäß parallel zu einer Verweildauerverkürzung eine Fallzahlsteigerung erzielt wurde (Schlaganfall: Verweildauer –13,9 %, Fallzahl +23,5 %; Schlafmedizin: Verweildauer –7 %, Fallzahl +48,4 %; Epilepsie: Verweildauer –16,9 %, Fallzahl +15,8 %;

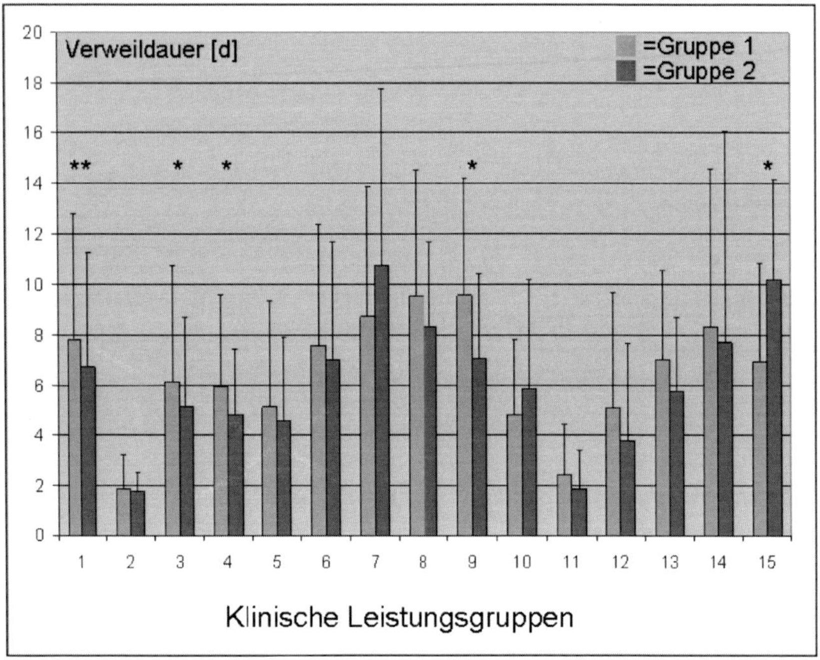

Abb. 3.8: Verweildauer differenziert nach klinischen Leistungsgruppen (1 = Schlaganfall; 2 = Schlafmedizin; 3 = Epilepsie; 4 = Multiple Sklerose; 5 = Kopfschmerz; 6 = neuromuskuläre Erkrankungen; 7 = sonstige Infektionen; 8 = Parkinson; 9 = Demenzen; 10 = Schwindel; 11 = Pseudotumor; 12 = Synkopen; 13 = somatoforme Störungen; 14 = andere Behandlungsfälle; 15 = unbewertete DRGs; * = $p < 0,05$; ** = $p < 0,01$; *** = $p < 0,001$)

Multiple Sklerose: Verweildauer –19,6 %, Fallzahl +23,8 %; neuromuskuläre Erkrankungen: Verweildauer –8,0 %, Fallzahl +0,7 %; andere Behandlungsfälle: Verweildauer –18,6 %, Fallzahl +19,6 %).

Diese Zahlen verdeutlichen aber auch, dass sich Verweildauerverkürzungen einer spezifischen klinischen Leistungsgruppe nicht im gleichen Verhältnis in einer Fallzahlsteigerung in Bezug auf dieses Patientenklientel niederschlagen und umgekehrt, dass eine Fallzahlsteigerung in einem bestimmten Bereich nicht notwendigerweise durch eine dort beheimatete Verweildauerreduktion „erkauft" wurde. Dieser Zusammenhang wird durch die zusätzliche Einbeziehung der beide Parameter vereinenden Größe der Patientenbehandlungstage weiter aufgeklärt. Wie oben bereits ausgeführt (vgl. Kap. 2.1) wird diese Größe als Produkt der Verweildauer und der Patientenzahl bestimmt. Während sich die Gesamtwerte der Kontroll-

und Interventionsgruppe nur marginal unterscheiden (+23 Tage, +0,29 %; vgl. Kap. 2.1) ergeben sich für die einzelnen klinischen Leistungsgruppen teilweise ausgeprägte Differenzen. Aus der folgenden Abbildung 3.9 geht hervor, dass sich eine Zunahme der Patientenbehandlungstage nur in vier klinischen Leistungsgruppen findet, nämlich Schlaganfall, Schlafmedizin, sonstige Infektionen und andere Behandlungsfälle. Nur im Fall der Gruppe sonstige Infektionen, die mit einer Fallzahlen von deutlich unter 100 zu den kleinen Gruppen gehört, wurde dieser Anstieg durch eine Verlängerung der Verweildauer verursacht. In den drei anderen, sämtlich fallzahlstarken Gruppen war bei relativ geringerer Verweildauerverkürzung eine ausgeprägte Fallzahlsteigerung für die Zunahme der Patientenbehandlungstage verantwortlich. Aus Abbildung 3.9 geht als zweite wesentliche Botschaft hervor, dass durch Ressourcenschonung in vier klinischen Fallgruppen die

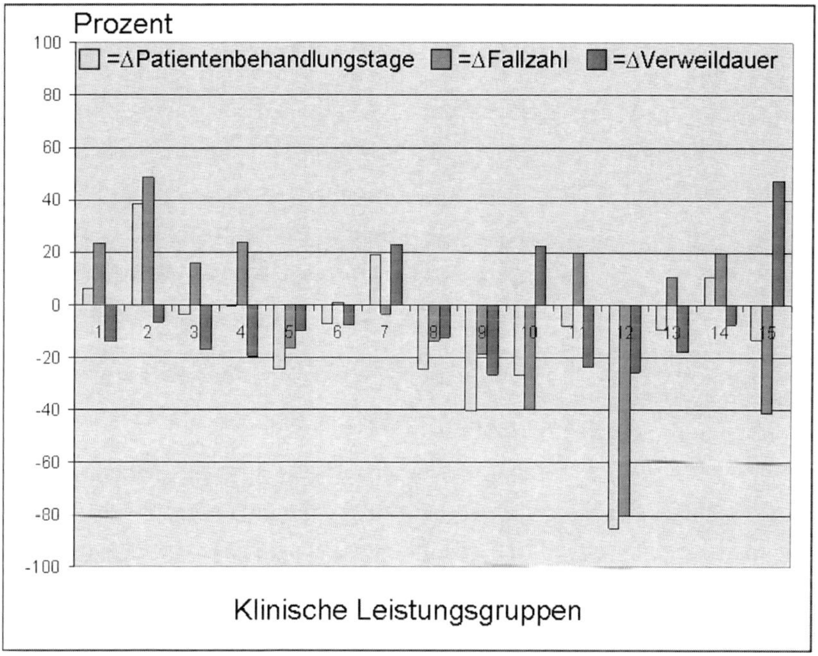

Abb. 3.9: Prozentuale Änderung der Patientenbehandlungstage, der Fallzahl und der Verweildauer innerhalb der klinischen Leistungsgruppen (1 = Schlaganfall; 2 = Schlafmedizin; 3 = Epilepsie; 4 = Multiple Sklerose; 5 = Kopfschmerz; 6 = neuromuskuläre Erkrankungen; 7 = sonstige Infektionen; 8 = Parkinson; 9 = Demenzen; 10 = Schwindel; 11 = Pseudotumor; 12 = Synkopen; 13 = somatoforme Störungen; 14 = andere Behandlungsfälle; 15 = unbewertete DRGs; Δ = Differenz Kontrollgruppe – Interventionsgruppe)

Leistungssteigerung in anderen Bereichen entscheidend unterstützt wurde. So finden sich in den Fallgruppen Kopfschmerz, Parkinson, Demenz und Synkopen sowohl eine Reduktion der Fallzahl als auch ein Rückgang der Verweildauer, die dann eine ausgeprägte Abnahme der Patientenbehandlungstage in diesen Bereichen bedeuten.

Zusammenfassend lässt sich festhalten, dass mit der Einführung von ProACC die Verweildauer sowohl der elektiv zugewiesenen als auch der nicht elektiv aufgenommenen Patienten signifikant verkürzt wurde. Für den nicht elektiven Bereich ist zudem relevant, dass der Verweildauerrückgang auf der Normalstation nicht durch eine relative Zunahme der Liegezeit auf der zuverlegenden Station bzw. Klinik kompensiert wurde, sondern auch zu einem nahezu identischen Rückgang der Gesamtverweildauer geführt hat. Unter den einzelnen klinischen Leistungsgruppen fallen die Verweildauerverkürzungen der fallzahlstarken Diagnosegruppen Schlaganfall, Epilepsie und Multiple Sklerose besonders ins Gewicht. Die Betrachtung der Patientenbehandlungstage zeigt zudem, dass sich in der Interventionsgruppe in der Regel nur dann ein Anstieg dieses den Ressourcenverbrauch charakterisierenden Parameters fand, wenn parallel dazu in der betreffenden klinischen Leistungsgruppe eine ausgeprägte, in der Regel mindestens 20%ige Steigerung der Fallzahl zu verzeichnen war. Zudem ließen sich mehrere fallzahlschwächere Gruppen identifizieren, die – infolge eines parallelen Rückgangs von Verweildauer und Fallzahl – Ressourcen für die Versorgung von Patienten anderer Leistungsgruppen freigesetzt haben.

3.4.2 Prädiktoren der Verweildauer

In diesem Kapitel soll untersucht werden, ob die zentrale Größe der Verweildauer nicht nur, wie gesehen, von der Gruppenzugehörigkeit, dem Aufnahmeanlass und den Diagnosekategorien, sondern zusätzlich von bestimmten epidemiologischen Kenngrößen abhängt. Auch wenn in Kapitel 2.1 gezeigt wurde, dass die beiden Kollektive hinsichtlich der wesentlichen Eckdaten übereinstimmen, ist damit noch nicht belegt, dass keinerlei subtilere, die Studienergebnisse beeinflussende Interdependenzen vorhanden sind.

Als Vorbereitung für die weitere Analyse wurden dabei die Kollektive der Kontroll- und Studiengruppe nach steigender Verweildauer geordnet und

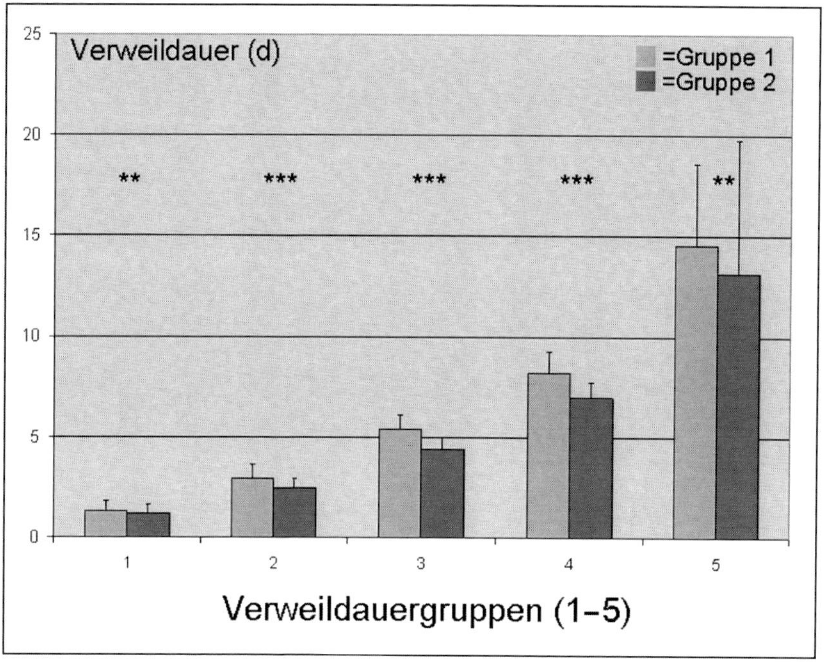

Abb. 3.10: Verweildauer gegliedert in Quintile (* = p < 0,05; ** = p < 0,01; *** = p < 0,001)

anschließend in jeweils fünf gleichgroße Verweildauergruppen (Quintile) gegliedert (vgl. Kap. 2).

Wie Abbildung 3.10 verdeutlicht, steigt die Verweildauer sowohl in der Kontroll- als auch in der Studiengruppe von einem Quintil zum nächsten nahezu linear an. Darüber hinaus ist die Verweildauer auf Ebene jedes Quintils in der Studiengruppe signifikant um 10 bis 20 % niedriger als in der Kontrollgruppe. Aus diesem Ergebnis folgt, dass die Verweildauerverteilung bei beiden Gruppen vergleichbar ist. Im Folgenden sollen nun der Einfluss des Patientenalters und der Komorbidität auf die Verweildauer untersucht werden.

Aus Abbildung 3.11 geht hervor, dass der Zusammenhang zwischen Verweildauer und Patientenalter in der Kontroll- und Interventionsgruppe ähnlich ist.

Für beide Gruppen deutet sich eine u-förmige Verweildauerverteilung an. So sind die Patienten in dem Quintil mit der längsten Verweildauer (im Diagramm Verweildauergruppe 5) mit Abstand am ältesten, nämlich durchschnittlich 60 Jahre (Gruppe 1 = 60,2 Jahre, Gruppe 2 = 59,1 Jahre). Das jüngste

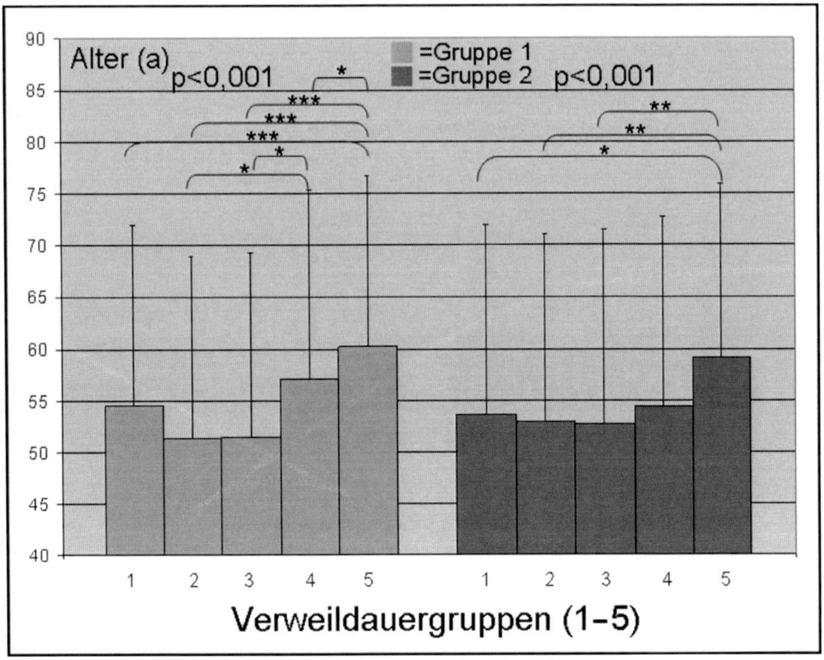

Abb. 3.11: Zusammenhang von Verweildauer (je Studiengruppe gegliedert in Quintile) und Patientenalter; für beide Studiengruppen ist ANOVA mit p < 0,001 (Gruppe 1: F = 11,3; Gruppe 2: F = 5,8) hochsignifikant; Post-hoc-Testung ergab an den gekennzeichneten Stellen signifikante Unterschiede zwischen den einzelnen Quintilen (* = p < 0,05; ** = p < 0,01; *** = p < 0,001)

Durchschnittsalter weisen die Quintile 2 und 3 auf. Dieses beträgt in Gruppe 1 = 51,3 bzw. 51,5 Jahre und in Gruppe 2 = 52,9 bzw. 52,7 Jahre. In der Verweildauergruppe 1 steigt das Alter dann in beiden Studiengruppen wieder an, relativ deutlich in der Kontrollgruppe mit 54,5 Jahren und etwas moderater in der Interventionsgruppe mit 53,7 Jahren. Bemerkenswerterweise ergibt sich bei der Analyse des Verhältnisses von Komorbiditätsniveau und Verweildauer ein ganz ähnliches Bild: Wie in Abbildung 3.12 dargestellt, ist wiederum eine leicht u-förmige Verteilung der PCCL-Werte auf die einzelnen Verweildauer-Quintile zu erkennen.

Eindeutig die höchsten Punktwerte entfallen in beiden Studiengruppen auf die Patienten (20 %) mit der längsten Verweildauer, in der Gruppe 1 sind es 1,74 und in Gruppe 2 1,71 Punkte. In den Verweildauergruppen 4 und 3 ist dann ein sukzessiver Abfall des durchschnittlichen PCCL-Wertes festzustel-

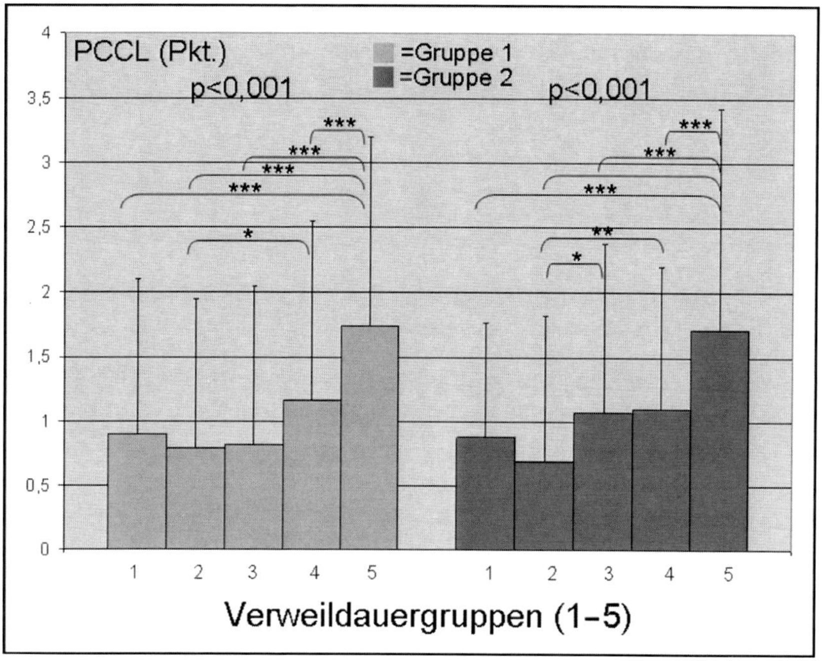

Abb. 3.12: Zusammenhang von Verweildauer (je Studiengruppe gegliedert in Quintile) und Patientenkomorbidität (PCCL); für beide Studiengruppen ist ANOVA mit $p < 0{,}001$ (Gruppe 1: $F = 22{,}6$; Gruppe 2: $F = 24{,}9$) hochsignifikant; Post-hoc-Testung ergab an den gekennzeichneten Stellen signifikante Unterschiede zwischen den einzelnen Quintilen (* = $p < 0{,}05$; ** = $p < 0{,}01$; *** = $p < 0{,}001$)

len, bevor die Verweildauergruppe 2 sowohl in der Kontroll- als auch in der Studiengruppe dann den niedrigsten PCCL-Wert aufweist (0,79 Punkte in der Gruppe 1 und 0,68 Punkte in der Gruppe 2). In der Verweildauergruppe 1 erfolgt dann wieder ein moderater Anstieg des PCCL-Wertes, nämlich auf 0,90 Punkte in der Gruppe 1 und 0,88 Punkte in der Gruppe 2.

Dies zusammenfassend lässt sich festhalten, dass die Verweildauerverteilung in beiden Studiengruppen prinzipiell gleichartig ausgeprägt und durch einen annähernd linearen Anstieg von Quintil zu Quintil charakterisiert ist. Auf Ebene jedes Quintils lässt sich dabei in der Studiengruppe eine signifikante Verweildauerverkürzung gegenüber der Kontrollgruppe nachweisen. Sowohl für die Darstellung des Patientenalters als auch des Komorbiditätsniveaus in Abhängigkeit von den Verweildauerquintilen ergibt sich eine leicht u-förmige Kurvencharakteristik. Einerseits findet sich demnach eine besonders lange Verweildauer bei den älteren und an relativ mehr Begleiterkrankungen leidenden Patienten. Andererseits sind aber auch die 20 % der Studienpatienten mit der kürzesten Verweildauer etwas älter und komorbider als Patienten der benachbarten Verweildauergruppe.

3.5 Erlösanalyse

Fallzahlsteigerung und Verweildauerverkürzung sind aus betriebswirtschaftlicher Sicht nur dann relevant, wenn in dieser Weise eine Erlössteigerung generiert wird. Daher soll in diesem Kapitel untersucht werden, welche Aussagen zu den in den Beobachtungszeiträumen erzielten Einnahmen aus dem vorhandenen Datenmaterial abgeleitet werden können.

Zunächst ist festzustellen, dass der aus der Behandlung der Patienten während der beiden Studienintervalle resultierende Case Mix für die Kontrollgruppe 1443,6 und für die Interventionsgruppe 1874,3 Punkte beträgt, was einer CM-Steigerung von 29,8 % entspricht. Allerdings sind diese Zahlen nicht ausschließlich als Folge der Studienintervention anzusehen, da die den einzelnen Fällen zugeordneten Erlöse sich auf die Gesamtbehandlung am UKM beziehen und nicht nur die durch die Behandlung auf der Normalstation erwirtschaftete Vergütung abbilden. So enthält der Gesamterlös z. B. auch die sehr gut vergüteten Behandlungsepisoden auf der Intensivstation und Schlaganfallstation sowie Behandlungsabschnitte in anderen UKM-Kliniken.

Für eine Analyse, deren Erlös ausschließlich der Normalstation zuschreibbar ist, ist daher lediglich das Kollektiv der Elektivpatienten und der primär auf die Normalstation aufgenommenen Notfalleinweisungen geeignet.

In Abbildung 3.13 ist die Leistungsentwicklung des Elektivsektors dargestellt. Von der Analyse wurden je sechs Elektivpatienten der Kontroll- und der Interventionsgruppe ausgeschlossen, da diese im Anschluss an die Behandlung auf der neurologischen Normalstation noch eine weitere, den aktuellen Erlös mitbestimmende Behandlungsepisode im UKM hatten. Insgesamt wurden daher 549 Patienten der Kontrollgruppe und 696 Patienten der Interventionsgruppe berücksichtigt, was einer relativen Fallzahlsteigerung von 26,8 % entspricht. Mit diesen Patientenkollektiven wurde im ersten Halbjahr 2008 ein Erlös von 342,6 CM-Punkten und im ersten Halbjahr 2009 ein Erlös

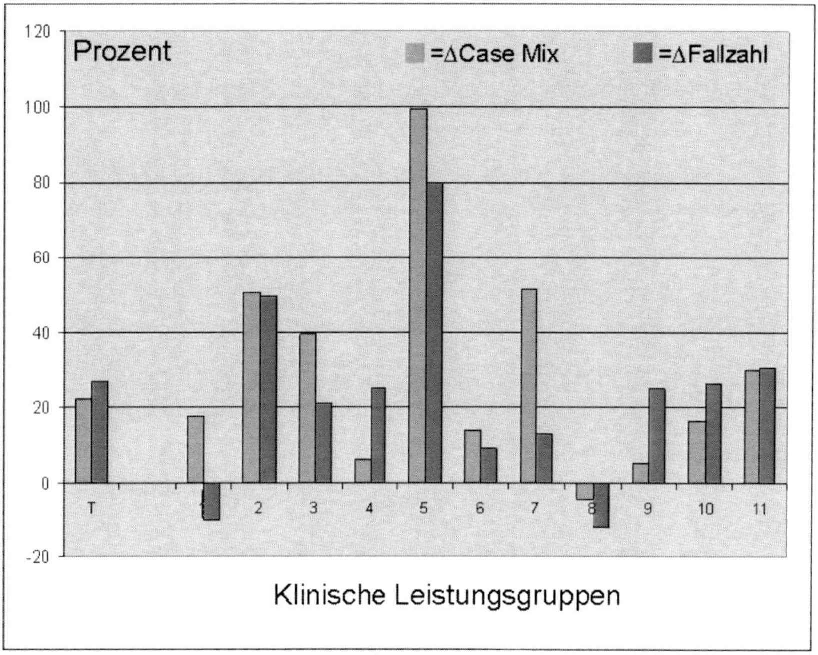

Abb. 3.13: Prozentuale Änderung des Case Mix und der Fallzahl in der Kohorte der Elektivpatienten; aufgeführt nur klinische Leistungsgruppen mit einer Fallzahl > 10 (T = Gesamtheit der Elektivpatienten; 1 = Schlaganfall; 2 = Schlafmedizin; 3 = Epilepsie; 4 = Multiple Sklerose; 5 = Kopfschmerz; 6 = neuromuskuläre Erkrankungen; 7 = sonstige Infektionen; 8 = Parkinson; 9 = Demenzen; 10 = somatoforme Störungen; 11 = andere Behandlungsfälle; Δ = Differenz Interventionsgruppe – Kontrollgruppe)

von 419,6 CM-Punkten erzielt. Dies entspricht einer absoluten Leistungssteigerung von 77 CM-Punkten und einer relativen Leistungssteigerung von 22,5 % (vgl. Abb. 3.13). Wie auch aus dem Verhältnis aus Fallzahl- und CM-Entwicklung ableitbar wurde im Studienzeitraum ein geringfügiger Rückgang des CMI im Elektivsektor festgestellt, nämlich von 0,624 in 2008 auf 0,603 in 2009 (–3,5 %). Auf Ebene der einzelnen klinischen Leistungsgruppen fanden sich die ausgeprägtesten relativen CM-Steigerungen bei den Kopfschmerzpatienten (+99,4 %; +5,2 CM-Punkte), den Patienten mit Infektionskrankheiten (+51,4 %; +10,7 CM-Punkte), den schlafmedizinischen Patienten (+50,4 %; +23,1 CM-Punkte) sowie den Epilepsiepatienten (+39,5 %; 4,5 CM-Punkte). In diesen Gruppen änderte sich der CM-Index wie folgt: Kopfschmerz +10,8 % (von 0,52 auf 0,58 CM-Punkte), Infektionskrankheiten +33,9 % (von 0,90 auf 1,21 CM-Punkte), Schlaf +0,6 % (von 0,244 auf 0,245 CM-Punkte),

Epilepsie +15,2 % (von 0,60 auf 0,69 CM-Punkte). In der Zusammenschau folgt aus diesen Zahlen, dass der oben erwähnte 3,5%ige Rückgang des CMI innerhalb des Beobachtungszeitraums vor allem auf die 50%ige Fallzahlsteigerung innerhalb der niedrig bewerteten klinischen Leistungsgruppe Schlaf zurückzuführen ist und offensichtlich durch die beschriebenen CMI-Steigerungen in anderen Leistungsgruppen nicht vollständig kompensiert werden konnte.

Bei der Analyse der Notfallpatienten wurden zunächst dreizehn Patienten der Kontrollgruppe und neun Patienten der Interventionsgruppe wegen einer zusätzlichen, erlösrelevanten Behandlungsepisode im UKM nach der Therapie auf der Normalstation ausgeschlossen. Damit wurden im Auswertungszeitraum unter Berücksichtigung dieser Korrektur 304 Notfallpatienten in der Kontrollperiode und 339 Notfallpatienten während der Inter-

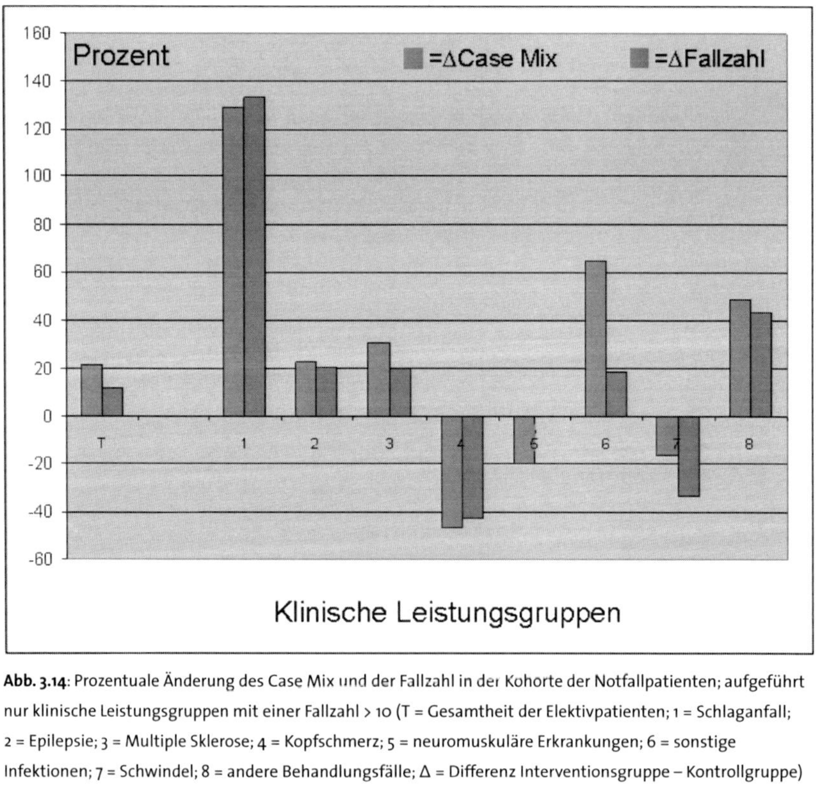

Abb. 3.14: Prozentuale Änderung des Case Mix und der Fallzahl in der Kohorte der Notfallpatienten; aufgeführt nur klinische Leistungsgruppen mit einer Fallzahl > 10 (T = Gesamtheit der Elektivpatienten; 1 = Schlaganfall; 2 = Epilepsie; 3 = Multiple Sklerose; 4 = Kopfschmerz; 5 = neuromuskuläre Erkrankungen; 6 = sonstige Infektionen; 7 = Schwindel; 8 = andere Behandlungsfälle; Δ = Differenz Interventionsgruppe – Kontrollgruppe)

ventionsperiode auf der Normalstation behandelt, sodass sich eine Fallzahlsteigerung von absolut 35 oder relativ 11,5 % ergibt. Parallel zu diesem Anstieg der Fallzahl konnte der Erlös um 21,3 % (45,2 CM-Punkte) von 212,7 CM-Punkte in 2008 auf 257,9 CM-Punkte in 2009 gesteigert werden. Entsprechend diesem im Verhältnis zur Fallzahl überproportionalen Erlösanstieg war eine Steigerung des CMI von 0,70 Punkten in 2008 auf 0,76 Punkten in 2009 zu verzeichnen (+8,5 %).

Auf Ebene der einzelnen klinischen Leistungsgruppen fand sich der mit Abstand größte, relative Erlösanstieg in der Gruppe der Schlaganfallpatienten (+128,8 %; +14,0 CM-Punkte), gefolgt von Patienten mit Infektionskrankheiten (+64,7 %; +9,7 CM-Punkte) und der heterogenen Gruppe der anderen Behandlungsfälle (+49,2 %; +18,4 CM-Punkte). Der stärkste relative Rückgang war bei den Kopfschmerzpatienten zu verzeichnen (–46,7 %; –9,5 CM-Punkte). In diesen Gruppen ergaben sich folgende Änderungen der CMI: Schlaganfall –1,9 % (von 0,91 auf 0,89 CM-Punkte), Infektionskrankheiten +38,7 % (von 0,93 auf 1,30 CM-Punkte), andere Behandlungsfälle +3,8 % (von 0,78 auf 0,80 CM-Punkte) und Kopfschmerz –6,7 % (von 0,58 auf 0,54 CM-Punkte). Der oben erwähnte 8,5%ige Anstieg des CMI bei den Notfallpatienten ist damit sowohl auf die Fallzahlsteigerung als auch die CMI-Steigerung von bereits 2008 im Verhältnis zum durchschnittlichen CMI relativ hochbewerteten Fallgruppen zurückzuführen.

Neben dem erzielten Erlös sind erlösrelevante Verkürzungen der Verweildauer eine zweite Größe mit unmittelbarem Einfluss auf das betriebswirtschaftliche Ergebnis. Unterschreitet die tatsächliche Verweildauer eines Behandlungsfalls die untere, für die betreffende DRG definierte Grenzverweildauer, so werden für jeden bis zur unteren Grenzverweildauer fehlenden Tag ein spezifischer Betrag von dem eigentlich vorgesehenen DRG-Erlös abgezogen. Vor dem Hintergrund der in dem Studienkollektiv erzielten hoch signifikanten Verweildauerverkürzung von 12,8 % ist daher zu prüfen, ob hieraus nicht ein kritischer Anstieg der sogenannten Kurzliegertage und Kurzliegerabschläge resultiert.

Wie Abbildung 3.15 zeigt, hat der Anteil der Kurzliegerfälle in der Interventionsgruppe im Vergleich zur Kontrollgruppe tatsächlich um knapp 2 % zugenommen, nämlich von 12,2 % auf 14,0 %. Hierbei war ein Unterschied

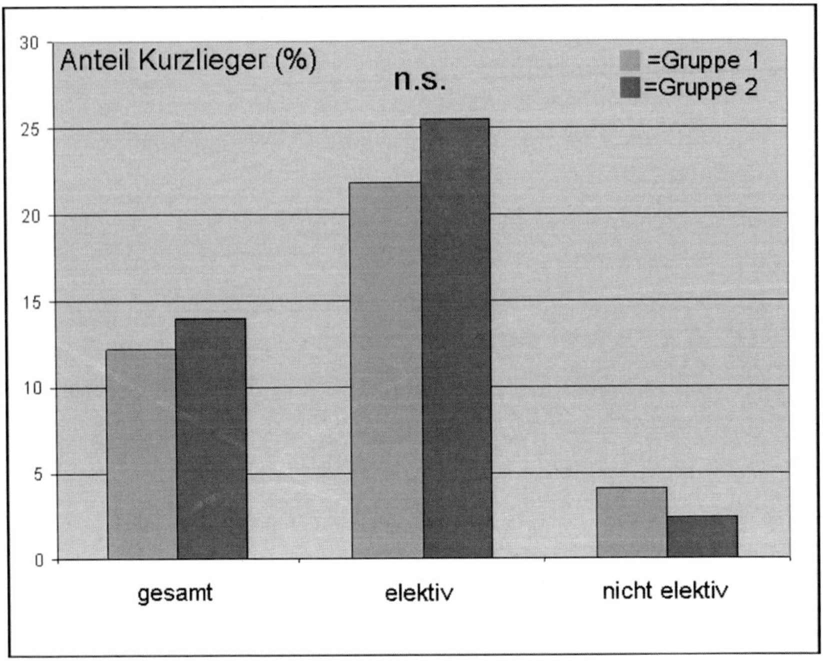

Abb. 3.15: Anteil der Kurzliegerfälle differenziert nach Aufnahmemodalität

zwischen den elektiv aufgenommenen Patienten und den Notfalleinweisungen festzustellen. Während die Elektivpatienten in der Studiengruppe zu gut einem Viertel (25,4 %) als Kurzlieger behandelt wurden, traf dies in der Kontrollgruppe nur auf 21,8 % der Patienten zu. Demgegenüber wurden die Notfallpatienten in beiden Gruppen sehr viel seltener unterhalb der unteren Grenzverweildauer entlassen und es zeigte sich hier, dass die Patienten der Kontrollgruppe mit 4,1 % gegenüber 2,4 % der Interventionsgruppe noch relativ häufiger als Kurzlieger abgerechnet wurden.

Ein grundsätzlich unverändertes Bild ergibt sich bei der Betrachtung der durchschnittlichen Anzahl an Kurzliegertagen. Auch hier weist die Interventionsgruppe mit 0,15 gegenüber 0,13 Tagen der Kontrollgruppe einen geringfügig höheren Wert auf, der wiederum auf eine beschleunigte Behandlung der Elektivpatienten, die sogar pro Fall durchschnittlich 0,28 Kurzliegertage generierten, zurückzuführen ist. Demgegenüber gelang es bei der Behandlung der Notfallpatienten der Interventionsgruppe geringfügig häufiger, die untere Grenzverweildauer zu erreichen (durchschnittlich 0,024 Kurzliegertage in der Interventionsgruppe und 0,047 in der Kontrollgruppe).

Trotz dieses Nachteils der Interventionsgruppe zeigt die Betrachtung des durchschnittlichen Kurzliegerabschlags, dass hier keine erlösrelevanten Gruppenunterschiede bestehen. In beiden Gruppen ist der durchschnittliche Kurzliegerabschlag nahezu identisch und beträgt 0,032 CM-Punkte pro Behandlungsfall in der Kontrollgruppe und 0,031 Punkte in der Interventionsgruppe. Während der Kurzliegerabschlag bei elektiv aufgenommenen Patienten in der Interventionsgruppe mit 0,054 CM-Punkten höher war als in der Kontrollgruppe (0,051 CM-Punkte), wiesen die nicht elektiven Patienten der Studiengruppe mit 0,009 Punkten einen deutlich niedrigeren Wert auf als die Kontrollgruppe (0,016 CM-Punkte). Wesentlicher Grund für den fehlenden Unterschied zwischen den beiden Studiengruppen im Hinblick auf die Höhe des Kurzliegerabschlags dürfte ein höherer Anteil an niedrig bewerteten Abschlägen in der Interventionsgruppe sein.

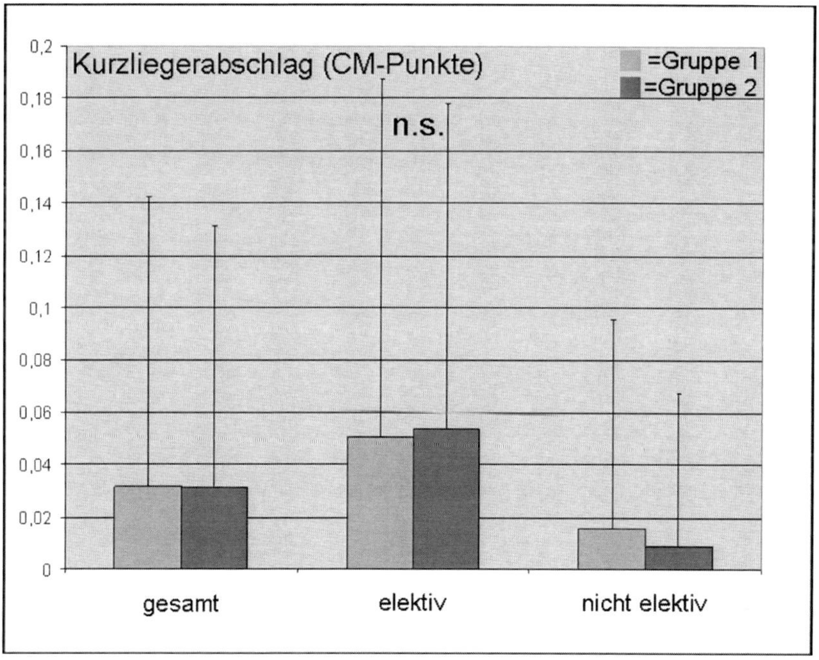

Abb. 3.16: Kurzliegerabschlag differenziert nach Aufnahmemodalität

Tabelle 3.5: Kurzliegertage, Anteil der Kurzlieger und Kurzliegerabschlag differenziert nach den klinischen Leistungsgruppen

		Kurzliegertage [d] (stabw)	Anteil Kurzlieger (%)	Kurzliegerabschlag [CM] (stabw)
Schlaganfall	1	0,029 (0,19)	2,5	0,011 (0,070)
	2	0,014 (0,12)	1,4	0,005 (0,043)
Schlafmedizin	1	0,437 (0,497)	43,7	0,051 (0,058)
	2	0,465 (0,500)	46,5	0,055 (0,062)
Epilepsie	1	0,086 (0,282)	8,6	0,031 (0,102)
	2	0,056 (0,230)	5,6	0,021 (0,085)
Multiple Sklerose	1	0,214 (0,561)	14,3	0,062 (0,162)
	2	0,375 (0,740)	22,1	0,107 (0,210)
Kopfschmerz	1	0,042 (0,103)	14,3	1,143 (3,571)
	2	0,021 (0,077)	7,3	0,537 (1,645)
neuromuskuläre Erkrankungen	1	0,111 (0,394)	8,3	0,042 (0,148)
	2	0,103 (0,386)	7,6	0,038 (0,137)
sonstige Infektionen	1	0,140 (0,549)	7,0	0,054 (0,217)
	2	0,018 (0,135)	1,8	0,011 (0,084)
Parkinson	1	0,273 (0,883)	9,1	0,081 (0,261)
	2	0 (0)	0	0 (0)
Demenz	1	0 (0)	0	0 (0)
	2	0,115 (0,326)	11,5	0,042 (0,123)
Schwindel	1	0,040 (0,200)	4,0	0,015 (0,076)
	2	0 (0)	0	0 (0)
Pseudotumor	1	0,600 (0,548)	60,0	0,256 (0,234)
	2	0,667 (0,516)	66,7	0,285 (0,221)
Synkope	1	0,100 (0,317)	10,0	0,036 (0,113)
	2	0 (0)	0	0 (0)
somatoforme Störungen	1	0 (0)	0	0 (0)
	2	0 (0)	0	0 (0)
andere	1	0,031 (0,173)	3,1	0,010 (0,055)
	2	0,036 (0,187)	3,6	0,014 (0,075)
unbewertete DRGs	1	0 (0)	0	0 (0)
	2	0 (0)	0	0 (0)

Auch der in Tabelle 3.5 dargestellte Vergleich der genannten Kurzliegerparameter zwischen den einzelnen klinischen Leistungsgruppen der Kontroll- und Interventionsgruppe zeigt keine signifikanten Unterschiede. Den größten Kurzliegeranteil weisen die Patienten mit Pseudotumor cerebri sowie die schlafmedizinischen Patienten auf.

Auch in den Leistungsgruppen Multiple Sklerose und Kopfschmerz werden niedrige zweistellige Werte erzielt. In den restlichen Leistungsgruppen liegt der Kurzliegeranteil unter 10 %, häufig sogar unter 5 %. Die höchsten Steigerungen des Kurzliegerabschlags fanden sich im Gruppenvergleich in der Leistungsgruppen Multiple Sklerose (+0,045 CM-Punkte), Demenz (+0,042 CM-Punkte) und Pseudotumor (+0,29 CM-Punkte), der ausgeprägteste Rückgang war in den Leistungsgruppen Kopfschmerz (–0,606 CM-Punkte), Parkinson (–0,081 CM-Punkte) und sonstige Infektionen (–0,043 CM-Punkte) festzustellen. Bemerkenswert ist schließlich, dass sich in den sechs fallzahlstarken Leistungsgruppen Schlaganfall, Schlafmedizin, Epilepsie, Multiple Sklerose, neuromuskuläre Erkrankungen sowie andere Fälle lediglich, wie gerade dargestellt, für die Gruppe der MS-Patienten ein etwas größerer Unterschied zwischen Kontroll- und Interventionsgruppe fand.

Zusammenfassend zur Erlösentwicklung während der Studienperiode ist zunächst festzustellen, dass verlässliche Erlösdaten nur für das Gros der Elektiv- und Notfallpatienten zu ermitteln sind, da in den übrigen, über den Aufnahmeanlass definierten Gruppen die den einzelnen Fällen zugeordneten Erlöse sich auch aus Behandlungsepisoden auf anderen Stationen (z. B. Schlaganfallspezialstation, Intensivstation) oder anderen UKM-Kliniken zusammensetzen. Auf dem Elektivsektor gelang im Studienzeitraum eine Erlössteigerung von 77 CM-Punkten oder 22,5 %. Parallel dazu wurde die Fallzahl um 26,8 % erhöht. Der CMI sank korrespondierend um 3,5 % auf 0,605. Bei den Notfallpatienten gelang parallel zu einer Fallzahlsteigerung von 11,5 % ein Ausbau des CM um 45,2 Punkte, was einer Leistungssteigerung von 21,3 % entspricht. Der CMI stieg um 8,5 % auf 0,76 Punkte. Im Vergleich zur Kontrollgruppe stieg der Anteil der Patienten, deren Verweildauer unter der unteren Grenzverweildauer blieb, geringfügig von 12,2 % auf 14,0 % an, was überwiegend auf eine Erhöhung der Kurzliegerquote in der Gruppe der elektiv aufgenommenen Patienten zurückzuführen war. Trotz dieses Nachteils der Interventionsgruppe zeigt die Betrachtung des durchschnittlichen Kurzliegerabschlags keine erlösrelevanten Gruppenunterschiede. In beiden Gruppen ist der durchschnittliche Kurzliegerabschlag nahezu identisch und beträgt 0,032 CM-Punkte pro Behandlungsfall in der Kontrollgruppe und 0,031 Punkte in der Interventionsgruppe. Auch in Bezug auf die einzelnen klinischen Leistungsgruppen ergeben sich keine relevanten Unterschiede der betrachteten Kurzliegerparameter zwischen der Kontroll- und Interventionsgruppe.

4 Diskussion

In diesem Kapitel werden zunächst die Studienergebnisse zusammenfassend dargestellt und in Bezug zum wissenschaftlichen Kontext diskutiert. Anschließend werden zwei weitere moderne Patientenmanagementinstrumente, die klinischen Behandlungspfade und das Case Management in Abgrenzung zum ProACC erörtert.

4.1 Zusammenfassung

Das Hauptergebnis dieser Studie besteht darin, dass sich im zeitlichen Zusammenhang mit der Einführung des ProACC sowohl eine signifikante Fallzahlsteigerung von 15,4 % als auch eine signifikante Verweildauerreduktion von 13,8 % auf den neurologischen Normalstationen feststellen ließ. Auch wenn, wie oben dargestellt, in deutschen Krankenhäusern seit vielen Jahren eine Verweildauerreduktion und Fallzahlsteigerung beobachtbar ist, so liegen die in der vorliegenden Studie beschriebenen Veränderungen um ein Vielfaches über diesem Trend und sind daher nicht mit diesen global wirksamen Anpassungsmechanismen zu erklären.

In Bezug auf die positive Fallzahlentwicklung ergab die detaillierte Analyse der erhobenen Daten, dass diese vor allem auf eine Zunahme der Zahl elektiv aufgenommener Patienten zurückzuführen war. Dementsprechend fand sich in mehreren fallzahlstarken klinischen Leistungsgruppen, z. B. der Schlafmedizin und der Multiplen Sklerose, eine mit dem Anteil der jeweils elektiv aufgenommenen Patienten positiv korrelierende Zunahme der Patientenzahl. Hieraus lässt sich ableiten, dass ProACC insbesondere auf dem Gebiet der planbaren Aufnahmen nachhaltig positive Wirkungen entfaltet und Effizienzsteigerungen ermöglicht. Andererseits zeigte die überproportionale Fallzahlsteigerung von 23,5 % in der sich fast ausschließlich aus Notfallaufnahmen rekrutierenden Gruppe der Schlaganfallpatienten, dass die hier beschriebene Modifikation und Optimierung des Patientenmanagements – wenn auch zu einem geringeren Maße –, zusätzlich Kapazitäten für die nicht elektive Patientenversorgung schafft.

Die mit der Einführung von ProACC erzielte Reduktion der Verweildauer betraf die elektiv und die nicht elektiv aufgenommenen Patienten in ähnlicher Weise. In Bezug auf das nicht elektiv aufgenommene Patientenklientel ist zudem relevant, dass der Verweildauerrückgang auf der Normalstation nicht durch eine Zunahme der Liegezeit auf der zuverlegenden Station bzw. Klinik kompensiert wurde, sondern auch zu einem nahezu identischen Rückgang der Gesamtverweildauer führte.

Sowohl in der Interventions- als auch in der Kontrollgruppe waren Patientenalter und Komorbiditätsniveau relevante Prädiktoren der Verweildauer. Dieser Befund stimmt mit zahlreichen Publikationen der letzten Jahre überein. Im einzelnen wurde zuvor ein Zusammenhang zwischen der Länge der Krankenhausbehandlung einerseits und Patientenalter sowie Schwere und Ausmaß der Begleiterkrankungen andererseits u. a. für Patienten mit Hüftgelenksersatz (vgl. Lefaivre et al., 2009, S. 922 ff.), Patienten nach Prostatektomie (vgl. Ansari et al., 1998, S. 837 ff.), Patienten mit allgemeinchirurgischen Eingriffen (vgl. Polanczyk et al., 2001, S. 637 ff.), Patienten nach gynäkologischen Operationen (vgl. Dean et al., 2001, S. 721 ff.), Patienten mit Wirbelsäulenoperationen (vgl. Zheng et al., 2002, S. 818 ff.) und Patienten mit Sepsis (vgl. Yang et al., 2010, S. 398 ff.) beschrieben. Diese Übereinstimmung ist auf der inhaltlichen Ebene als weiterer Beleg für die Bedeutung der genannten Kenngrößen für die Länge der jeweils erforderlichen Krankenhausbehandlung zu werten. Die vollstationären Leistungserbringer im Gesundheitswesen sollten diese Prädiktoren zur Charakterisierung ihres Patientenklientels heranziehen, um so wertvolle Hinweise für ihre zukünftige Leistungsplanung ableiten zu können. Andererseits ist die Übereinstimmung zwischen den in der vorliegenden Arbeit erhobenen Daten mit international publizierten Studienergebnissen als weiterer Hinweis für die Qualität dieser Daten zu werten. Die Übertragung der zentralen Schlussfolgerungen dieser Studie auf andere Behandlungskontexte wird so unterstützt und die Aussagekraft dieser Studie erhöht.

Auch aus betriebswirtschaftlicher Sicht hat sich die Leistungssteigerung in der vorliegenden Untersuchung als außerordentlich nachhaltig erwiesen. So gelang auf dem Elektivsektor im Studienzeitraum eine Erlössteigerung von 77 CM-Punkten oder 22,5 %. Bei den Notfallpatienten wurde ein Ausbau des Case Mix um 45,2 Punkte erzielt, was einer Leistungssteigerung von 21,3 % entspricht. Im Vergleich zur Kontrollgruppe stieg der Anteil der Patienten, deren Verweildauer unter der unteren Grenzverweildauer blieb, geringfügig von 12,2 % auf 14,0 % an, was überwiegend auf eine Erhöhung der Kurzliegerquote in der Gruppe der elektiv aufgenommenen Patienten zurückzuführen war. Trotz dieses Nachteils der Interventionsgruppe zeigte die Betrachtung des durchschnittlichen Kurzliegerabschlags keine erlösrelevanten Gruppenunterschiede. Auch in Bezug auf die einzelnen klinischen Leistungsgruppen ergaben sich keine relevanten Unterschiede der betrachteten Kurzliegerparameter zwischen der Kontroll- und Interventionsgruppe.

4.2 ProACC und Cologne Consultant Concept (CCC) im Vergleich

Zur genaueren Einordnung und Bewertung dieser Ergebnisse bietet sich ein Vergleich mit den bisher in knapper Form von der Klinik und Poliklinik für Neurologie des Universitätsklinikums Köln publizierten Daten an. Diese Klinik weist eine der Neurologie des UKM vergleichbare Struktur auf. So verfügt sie über neun Intensivbetten, über eine weitere High-care-Einheit auf der bedarfsadaptiert acht bis zehn Behandlungsplätze als Stroke Unit und vier bis sechs Betten für die neurologische Frührehabilitation genutzt werden, über einen Schlaflaborplatz sowie über insgesamt 52 Betten auf zwei neurologischen Normalstationen. Wie von Schroeter und Fink (2008, S. 1124) berichtet, wurde in ihrer Klinik das als Prototyp für das UKM Pate stehende Cologne Consultant Concept vor wenigen Jahren auf den beiden neurologischen Normalstationen eingeführt. In einem sich über einen Beobachtungszeitraum von jeweils drei Monate erstreckenden Prä-post-Vergleich fanden die Autoren eine Reduktion der mittleren Verweildauer um 5,1 % von 8,34 auf 7,91 Tage. Parallel dazu konnte ein Fallzahlanstieg von 6,86 % erzielt und der CM um 10,66 % ausgebaut werden. Zusätzlich wurden von den Autoren die Auswirkungen dieser Restrukturierung auf die Patientenzufriedenheit analysiert. Hier zeigte sich nach Einführung des Consultant Concepts eine durchgreifende Verbesserung sowohl des Parameters „Umgangsformen" als auch des Parameters „Arbeitsqualität". Mitarbeiterbefragungen offenbarten darüber hinaus, dass trotz der erheblichen Umwälzungen in der Klinik die globale Arbeitszufriedenheit der Ärzte stabil blieb und einige zuvor als gravierende Schwachpunkte monierte Aspekte keine Rolle mehr spielten.

Für die im Verhältnis zu den Münsteraner Daten etwas geringeren Effekte der Kölner Studie von Schroeter und Fink sind vermutlich zwei Punkte verantwortlich: Zum einen schlossen die Autoren nicht nur die auf den Normalstationen behandelten Patienten in ihre Analyse ein, sondern berichteten in ihrer Arbeit die Fallzahlen der Gesamtklinik. Durch die Berücksichtigung von Klinikbereichen, die nicht unmittelbar an dem neuen ärztlichen Versorgungsmodell beteiligt waren, z. B. die Intensivstation und die Stroke Unit, ist davon auszugehen, dass der Effekt der Einführung des Consultant Concepts unterschätzt worden ist. Zum anderen verfügte die Universitätsklinik Köln zum Zeitpunkt der Restrukturierung der ärztlichen Versorgung in der Klinik für Neurologie bereits über ein vorbildlich funktionierendes Case Management, das bereits vor dem aktuellen Prä-post-Vergleich zu einer Optimierung der Behandlungsabläufe und zu einer Verweildauerreduktion geführt haben dürfte. Die Kölner Neurologie startete damit ihre Intervention vermutlich von einem deutlich höheren Organisationsniveau als die Universitätsklinik Münster, sodass der Nachweis einer weiteren Effizienzsteigerung sich entsprechend schwieriger gestaltete.

4.3 Klinische Behandlungspfade

Wie oben ausgeführt, muss der Krankenhausträger aufgrund betriebswirtschaftlicher Erwägungen gerade unter den Bedingungen einer fallpauschalierenden Finanzierung das Ziel verfolgen, mit effizienten Diagnose- und Behandlungsabläufen und möglichst geringen Personal- und Sachkosten die Qualität der stationären Patientenversorgung zu sichern. Neben den rasch umzusetzenden, mit keinerlei zusätzlichen Kosten verknüpften und sich vor allem auf die ärztliche Arbeitswelt erstreckenden Restrukturierungsansätzen ProACC und CCC stellen die sogenannten klinischen Behandlungspfade ein weiteres Instrument zur strukturellen Behandlungsoptimierung dar (vgl. Roeder et al., 2003b, S. 124 ff.). Nach Roeder handelt es sich beim klinischen Behandlungspfad (KBP) um eine multidisziplinäre Verfahrensanweisung, die indikationsbezogen beschreibt, welche einzelnen Behandlungsstationen ein Patient von der Aufnahme bis zur Entlassung durchläuft. Eine der Kernideen der Etablierung von KBP ist, über die Standardisierung von Leistungsinhalten doppelte oder nicht indizierte Leistungsbestandteile zu erkennen und zu eliminieren. Die so erzielte Reduktion unnötiger Leistungen führt dann idealtypisch zu einer Kostensenkung, ohne dass medizinisch notwendige Leistungen rationiert werden müssen. Zudem sollen unnötige Wartezeiten aufgrund mangelnder Organisation vermieden und die stationäre Verweildauer durch die Neustrukturierung der Prozesse gesenkt werden (vgl. Roeder und Küttner, 2006, S. 686).

In mehreren Studien konnte inzwischen nachgewiesen werden, dass diese zunächst hypothetischen Vorteile der Behandlungspfade sich tatsächlich in der klinischen Praxis realisieren lassen. So zeigte Cheah, dass die sich an einem KBP orientierende Therapie von Herzinfarktpatienten im Vergleich zu einer historischen Kontrollgruppe zu einer drastischen Senkung der Verweildauer um 16,5 % führte, ohne dass eine signifikante Zunahme der Komplikationen zu beobachten war (vgl. Cheah, 2000, S. 337 ff.). Chang und Mitarbeiter untersuchten die ökonomischen und qualitativen Effekte der Einführung eines KBP für die Prozedur der radikalen Nephrektomie. Als wesentliches Ergebnis wurde eine Verweildauerreduktion von 14,5 % im ersten und von 15,8 % im zweiten Jahr nach der Einführung dieses KBP gefunden. Zusätzlich konnten die Behandlungskosten um 19,0 % im ersten und sogar um 27,9 % im zweiten Jahr gesenkt werden. Beachtenswert ist zudem, dass die mithilfe von acht verschiedenen Qualitätsindikatoren gemessene Behandlungsqualität nicht gesunken, sondern tendenziell innerhalb der zwei Studienjahre sogar gestiegen ist (vgl. Chang et al., 2000, S. 417 ff.). In einer Studie von Kwan-Gett und Mitarbeitern wurden die Auswirkungen der Einführung eines klinischen Behandlungspfades für die pädiatrische Asthmatherapie untersucht (vgl. Kwan-Gett et al., 1997, S. 684 ff.). Auch wenn keine Auswirkungen auf die Behandlungsergebnisse gefunden werden konnten, verzeichneten die Autoren doch eine spürbare Senkung der Behandlungskosten, die insbesondere die Labordiagnostik und die radiologischen Leistungen betraf. Müller und Mitarbeiter berichteten schließlich über erste Erfahrungen mit Behandlungspfaden in Deutschland. Die Autoren untersuchten den Einfluss der Einführung eines KBP für die Psoriasis-Therapie auf die Verweildauer dieses Patientenkollektivs in den Jahren 2005, 2006 und 2007 (vgl. Müller et al., 2010, S. 115 ff.). Zentrales Ergebnis dieser Studie war eine Reduktion der Verweildauer um 7,4 % in 2006 und um 10,3 % in 2007.

Zusammenfassend legen diese Studien nahe, dass KBP geeignete Instrument sind, um bei gleichbleibender oder steigender Behandlungsqualität die stationäre Verweildauer zu verkürzen und in vielen Fällen darüber hinaus Behandlungskosten einzusparen. Die erzielten Reduktionen der Verweildauer liegen überwiegend zwischen 10 und 15 % und befinden sich damit exakt in dem gleichen Größenbereich der auch mit ProACC und CCC zu erzielen war.

4.4 Case Management

Als dritter und umfassendster Lösungsansatz zur Optimierung der Behandlungsabläufe im Krankenhaus ist der in den letzten Jahren zunehmend populärer werdende Ansatz des sogenannten Case Managements zu nennen (vgl. Ewers, 1997, S. 311). Nach der Deutschen Gesellschaft für Care und Case Management wird Case Management allgemein als ein Handlungsansatz zum Aufbau eines zielgerichteten Systems von Zusammenarbeit, das am konkreten Unterstützungsbedarf der einzelnen Person ausgerichtet ist und an dessen Herstellung die betroffene Person konkret beteiligt wird, beschrieben. Sein wesentliches Ziel besteht darin, Aufgaben und Abläufe aller in der Klienten- und Patientenversorgung tätigen Professionen zu koordinieren und die Leistungserbringung möglichst effektiv und effizient zu gestalten (vgl. Wendt, 2009, S. 4 f.).

Im konkreten Anwendungsfeld des Krankenhauses übernimmt Case Management die Funktion eines Bindegliedes zwischen Patient, Kostenträger und Leistungserbringer, das die interprofessionelle und intersektorale Kommunikation und Kooperation verbessern soll und die Leistungserbringung entlang der Behandlungskette des Patienten koordiniert und kontrolliert (vgl. Kunze und Nagel, 2010, S. 267). Wie in Abbildung 4.1 dargestellt, orientieren sich die Funktionen und Aufgaben des Case Managements im Krankenhaus unmittelbar an dem ärztlich verantworteten medizinischen Pfad des Patienten.

In der Phase der Behandlung in der Akutklinik übernimmt das Case Management die Koordination der erforderlichen diagnostischen und therapeutischen Schritte und klärt Verlegungs- bzw. Entlassungsbedingungen ab. Die Bearbeitung der Schnittstellenproblematik, die sich mit jeder Verlegung des Patienten ergibt, wird anschließend ebenfalls vom Case Management übernommen. Schließlich soll nach Abschluss des gesamten Behandlungszyklus die erforderliche Nachsorge begleitet und bewertet werden.

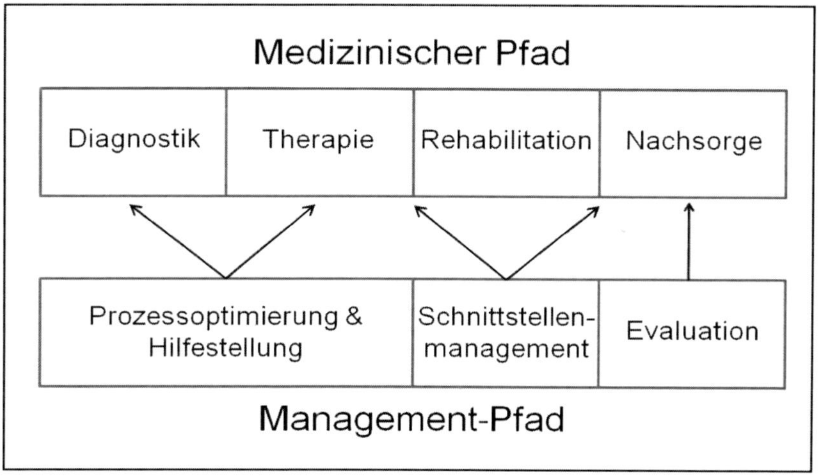

Abb. 4.1: Interaktion von Medizinischem Pfad und Case-Management-Funktionen (vgl. Kunze und Nagel, 2010, S. 267)

An die Etablierung eines derart gestalteten Case Managements sind vielfältige Hoffnungen geknüpft. So soll Case Management die Ärzte systematisch von arztfremden Tätigkeiten entlasten und in dieser Weise dazu beitragen, dass die Arbeits- und Kommunikationsprozesse innerhalb der Kliniken verbessert werden (vgl. Kunze und Nagel, 2010, S. 67). Case Management bedeutet darüber hinaus auch eine Stärkung der interprofessionellen Zusammenarbeit, was idealerweise mit einer höheren Arbeitszufriedenheit des gesamten medizinischen Personals einhergeht (vgl. Kunze und Nagel, 2010, S. 268). Durch die Patientenzentrierung dieses Managementansatzes soll deren Compliance und Zufriedenheit erhöht und dadurch die gesamte Behandlung gestärkt werden. Schließlich soll das angesprochene Schnittstellenmanagement zu einer besseren Überleitung und Weiterbetreuung der Patienten in nachgeordneten Versorgungseinrichtungen z. B. Rehabilitationskliniken oder ambulanten Versorgungskonzepten führen. In dieser Weise kann Case Management den durch die kontinuierliche Verweildauerreduktion hervorgerufenen Befürchtungen einer zunehmenden Behandlungsdiskontinuität effektiv entgegenwirken (vgl. Kunze und Nagel, 2010, S. 267). In letzter Konsequenz soll Case Management also die Versorgungsqualität und -kontinuität sowie die Arbeitsbedingungen im Gesundheitswesen verbessern und den Ressourceneinsatz optimieren.

Trotz dieser vermuteten, besonderen Eignung des Case Managements für den Einsatz in der stationären Patientenversorgung existieren bisher nur sehr wenige empirische Belege für diese Annahme. Hauptgrund hierfür dürfte die nach Pape und Bostelaar lange Implementierungsphase eines Case-Management-Systems von 10 bis 15 Jahren sein, die erst in den kommenden Jahren differenzierte Publikationen zur Effektivität dieses Management-Instruments aus deutschen Krankenhäusern erwarten lässt (vgl. Pape und Bostelaar, 2008, S. 31 ff.). In der internationalen Literatur finden sich eindeutige Belege für den Nutzen des Case Managements in der Behandlung psychisch kranker Menschen. So kommen Burns und Koautoren in ihrer Meta-Analyse von 29 prospektiver Studien zu dem Ergebnis, dass Case Management gerade in Situationen und Einrichtungen, die durch eine überdurchschnittliche Nutzung der vollstationären Ressourcen charakterisiert sind, die Notwendigkeit und Dauer der stationären Behandlung erheblich zu reduzieren hilft (vgl. Burns et al., 2007, S. 338 ff.).

4.5 Resümee und Ausblick

Die hier vorgestellte Studie zeigt, dass die Einführung eines einfachen und ressourcenschonenden Patientenmanagementkonzepts markante Auswirkungen auf die Entwicklung der unter DRG-Bedingungen wesentlichen Leistungsindikatoren „Fallzahl“ und „Verweildauer“ nehmen kann, was sich in einer Steigerung der Fallzahl um 15,4 % und einer Reduktion der Verweildauer um 13,8 % widerspiegelte. Da sich parallel hierzu auch der den Erlös aus der stationären Krankenversorgung direkt bestimmende Case Mix mit einer Steigerung um über 20 % im Studienzeitraum außerordentlich positiv entwickelte, war ein nachhaltiger Effekt auf das betriebswirtschaftliche Ergebnis der Klinik unübersehbar vorhanden. Die Reliabilität dieses Ergebnisses wird durch die an dem Universitätsklinikum Köln gemachten Erfahrungen mit dem dort etablierten Cologne Consultant Concept unterstützt. So sank nach Einführung dieses ärztlichen Versorgungskonzepts die Verweildauer um 5,1 %. Parallel dazu stieg die Fallzahl um 6,9 % und der CM konnte um 10,7 % ausgebaut werden. Neben diesen in relativ kurzer Zeit, d. h. in der Regel in wenigen Monaten, umzusetzenden und sich vor allem auf den ärztlichen Verantwortungsbereich erstreckenden Managementkonzepten stellen klinische Behandlungspfade und das Case Management zwei umfassende, multiprofessionelle Instrumente zur strukturellen Behandlungsoptimierung der stationären Versorgung dar. Während eine Vielzahl von Studien mittlerweile gezeigt hat, dass klinische Behandlungspfade geeignete Instrumente sind, um bei gleichbleibender oder sogar steigender Behandlungsqualität die stationäre Verweildauer zu verkürzen und Behandlungskosten einzusparen, steht dieser Nachweis für das in seiner Einführung und Umsetzung aufwendigere Case Management noch aus.

In zukünftigen Untersuchungen wird vor allem zu prüfen sein, in welcher Weise die genannten Patientenmanagementkonzepte miteinander verzahnt werden können. Gut vorstellbar ist in diesem Zusammenhang, dass die Kombination aller genannten Maßnahmen, die jede an einem spezifischen und kritischen Punkt der Patientenversorgung ansetzt, zur Entwicklung von spürbaren Synergien führt und so eine superadditive Wirkung entfaltet. Allerdings ist es ebenfalls denkbar, dass zumindest in bestimmten klinischen Szenarien, z. B. solchen, die durch eine elektive, auf wenige Diagnosegruppen beschränkte Patientenversorgung gekennzeichnet sind, ein derartiges Konzept einen übertriebenen Ressourcenverbrauch darstellt, dem kein ausreichender Erlös gegenübersteht. Methodisch sollten derartige Untersuchungen nicht wie bisher mit einem retrospektiven Ansatz durchgeführt werden, sondern ein prospektives Design mit präspezifizierten Endpunkten aufweisen. Nur ein derartiges Vorgehen stellt sicher, dass potenziell relevante Ergebnisse dieser Versorgungsforschung nachhaltige und klinikübergreifende Beachtung finden und anschließend schrittweise Einzug in die klinische Praxis halten.

Anhang

Abkürzungsverzeichnis

CC	Complication and Comorbidity
CCC	Cologne Consultant Concept
CM	Case Mix
CMI	Case Mix Index
DRG	Diagnosis Related Groups
G-DRG	German Diagnosis Related Groups
Gruppe 1	Kontrollgruppe
Gruppe 2	Interventionsgruppe
GVWD	Grenzverweildauer
ICU	Intensive Care Unit
InEK	Institut für das Entgeltsystem im Krankenhaus
KBP	Klinischer Behandlungspfad
KHEntgG	Krankenhausentgeltgesetz
KIS	Klinikinformationssystem
MDC	Major Diagnostic Category
OPS	Operationen- und Prozedurenschlüssel
OR	Operation Room
PCCL	Patient Clinical Complexity Level
ProACC	Proaktives Aufnahmemanagement und ärztliche Versorgung nach dem Consultant Concept
stabw	Standardabweichung
UKM	Universitätsklinikum Münster
VWD	Verweildauer
VWDges	Gesamtverweildauer
VWDNS	Verweildauer Normalstation
WAMP	Wandel von Medizin und Pflege im DRG-System

Literaturverzeichnis

Ansari, M. Z., MacIntyre, C. R., Ackland, M. J., Chandraraj, E., Hailey, D. (1998): *Predictors of length of stay for transurethral prostatectomy in Victoria.* Aust N Z J Surg 68: 837–843.

Augurzky, B., Engel, D., Krolop, S., Schmidt, C. M., Schmitz, H., Schwierz, C., Terkatz, S. (2008): *Krankenhaus Rating Report 2007.* Essen, Rheinisch-Westfälisches Institut für Wirtschaftsforschung.

Bihr, D., Hecking, K., Krauskopf, D., Lang, J. R. (2001): *Handbuch der Krankenhaus-Praxis. Unternehmensstrategien für Praktiker.* Stuttgart, Kohlhammer Verlag.

Billing, A. K., Jauch, W. (2005): *Verweildauer optimieren – Schlüsselrolle des Aufnahme- und Entlassungsmanagements.* Viszeralchirurgie 40: 86–91.

Braun, B., Buhr, P., Klinke, S., Müller, R., Rosenbrock, R. (2010): *Pauschalpatienten, Kurzlieger und Draufzahler – Auswirkungen der DRGs auf Versorgungsqualität und Arbeitsbedingungen im Krankenhaus.* Bern, Verlag Hans Huber.

Braun, B., Buhr, P., Müller, R. (2008): *Pflegearbeit im Krankenhaus – Ergebnisse einer wiederholten Pflegekräftebefragung und einer Längsschnittanalyse von GEK-Routinedaten.* St. Augustin, Asgard-Verlag.

Braun, B., Müller, R. (2006): *Versorgungsqualität im Krankenhaus aus der Perspektive der Patienten – Ergebnisse einer wiederholten Patientenbefragung und einer Längsschnittanalyse von GEK-Routinedaten.* Gmünd, Asgard Verlag Hippe.

Braun, T., Rau, F., Tuschen, K. H. (2007): *Die DRG-Einführung aus gesundheitspolitischer Sicht. Eine Zwischenbilanz.* In: Krankenhaus-Report 2007. Robra, B. P., Schellschmidt, H., Klauber, J., Stuttgart, Schattauer: 3–22.

Brüning, K. (2010): *Prognose der jährlichen Leistungsentwicklung im Krankenhaus unter DRG-Bedingungen, Universitätsklinikum Münster.* Münster, Westfälische Wilhelms Universität.

Burns, T., Catty, J., Dash, M., Roberts, C., Lockwood, A., Marshall, M. (2007): *Use of intensive case management to reduce time in hospital in people with severe mental illness: systematic review and meta-regression.* BMJ 335: 336–342.

Chang, P. L., Wang, T. M., Huang, S. T., Hsieh, M. L., Chuang, Y. C., Chang, C. H. (2000): *Improvement of health outcomes after continued implementation of a clinical pathway for radical nephrectomy.* Word J Urol 18: 417–421.

Cheah, J. (2000): *Clinical pathways – an evaluation of its impact on the quality of care in an acute care general hospital in Singapore.* Singapore Med J 4: 335–346.

Dean, M. M., Finan, M. A., Kline, R. C. (2001): *Predictors of complications and hospital stay in gynecologic cancer surgery.* Obstet Gynecol 97: 721–724.

Dierks, M. L. (2007): *Datenquellen und Methoden zur Erfassung der Versorgungsqualität aus Sicht der Nutzer- und Behandlungszufriedenheit, Patientenerfahrungen und -bewertungen.* In: Report Versorgungsforschung. Monitoring der gesundheitlichen Versorgung in Deutschland. Konzepte, Anforderungen, Datenquellen. Kurth, B. M., Köln, Deutscher Ärzte-Verlag: 197–207.

DIMDI (2009a): *ICD-10-GM 2010.* Gießen, Fachverlag Köhler.

DIMDI (2009b): *OPS-301.* Gießen, Fachverlag Köhler.

du Prel, J. B., Röhring, B., Hommel, G., Blettner, M. (2010): *Auswahl statistischer Testverfahren: Teil 12 der Serie zur Bewertung wissenschaftlicher Publikationen.* Ärzteblatt 107: 343–348.

Ewers, M. (1997): *Case Management in der klinischen Versorgung.* Z. f. Gesundheitswiss 5: 309–322.

Fiori, W. (2009): *Personalbedarfsberechnung mit Hilfe der Matrix der G-DRG-Fallkostenkalkulation.* Akt Neurol 36: 197–198.

Fürstenberg, T., Zich, K., Nolting, H. D., Laschat, M., Klein, S., Häussler, B. (2010): *G-DRG Begleitforschung gemäß § 17b Abs. 8 KHG – Endbericht des 1. Forschungszyklus (2004 bis 2006).* Berlin, IGES Institut GmbH.

Goldschmidt, A., Kalbitzer, M., Eckardt, J. (2005): *Praxishandbuch Medizincontrolling.* Heidelberg, München, Landsberg, Berlin, Economica.

Greiling, M., Muszynski, T. (2008): *Strategisches Management im Krankenhaus.* Stuttgart, Kohlhammer Verlag.

Haubrock, M. (2007): *Krankenhausfinanzwirtschaft.* In: Betriebswirtschaft und Management im Krankenhaus. Haubrock, M., Schär, W., Bern, Hans Huber: 394–454.

Helling, J., Bunzemeier, H., Fiori, W., Siebers, L., Brüning, K., Gaber, A., Frie, M., Babapirali, J., Roeder, N. (2009): *Klinische Leistungsgruppen – Update und Ausblick.* Das Krankenhaus 9: 857–862.

InEK (2009a): *G-DRG Fallpauschalenkatalog 2010.* KU-Gesundheitsmanagement Sonderheft: 1–180.

InEK (2009b): *G-DRG V2008/2010 HA-Report-Browser.* http://www.g-drg.de/cms/index.php/inek_site_de/content/view/full/2404 (20.07.2010).

InEK (2010): *G-DRG-System 2008.* http://www.g-drg.de/cms/index.php/inek_site_de/G-DRG-System_2008 (20.07.2010).

Keun, F., Prott, R. (2008): *Einführung in die Krankenhaus-Kostenrechnung, Anpassung an neue Rahmenbedingungen.* Wiesbaden, Gabler.

Kunze, B., Nagel, E. (2010): *Die Auswirkungen der DRG-Einführung auf Berufsethos, Arbeitsbedingungen und Versorgungsprozesse in Krankenhäusern – Case Management als Lösungsstrategie?* In: Arbeitsbedingungen und Befinden von Ärztinnen und Ärzten. Angerer, P., Schwartz, F. W., Köln, Deutscher Ärzte-Verlag: 263–270.

Kwan-Gett, T. S., Lozano, P., Mullin, K., Marcuse, F. K. (1997): *One-year experience with an inpatient asthma clinical pathway.* Arch Pediatr Adolesc Med 7: 684–689.

Lefaivre, K. A., Macadam, S. A., Davidson, D. J., Gandhi, R., Chan, H., Broekhuyse, H. M. (2009): *Length of stay, mortality, morbidity and delay to surgery in hip fractures.* J Bone Joint Surg Br 91: 922–927.

Müller, D. S., Ludwig-Peitsch, W., Goerdt, S., Goebeler, M. (2010): *Optimierung der klinikinternen Ablauforganisation nach Einführung klinischer Pfade am Beispiel der Psoriasis.* Akt Dermatol 36: 115–120.

Müller-Bergfort, S., Fritze, J. (2007): *Diagnose- und Prozedurendaten im deutschen DRG-System.* Bundesgesundheitsblatt Gesundheitsforschung Gesundheitsschutz 50: 1047–1054.

Pape, R., Bostelaar, R. A. (2008): *Case Management als Strategie und die Umsetzung in die Praxis aus Sicht des Managements.* In: Case Management im Krankenhaus. Bostelaar, R. A., Pape, R., Hannover, Schlütersche Verlagsgesellschaft: 31–36.

Papenhoff, M., Schmitz, F. (2009): *BWL für Mediziner im Krankenhaus.* Heidelberg, Springer Verlag.

Paquet, R., Klusen, M., Häussler, B. (2007): *Jahrbuch der medizinischen Innovationen Band 4: Innovation in der Spitzenmedizin.* Stuttgart, Schattauer Verlag.

Polanczyk, C. A., Marcantonio, E., Goldman, L., Rohde, L. E., Orav, J., Mangione, C. M., Lee, T. H. (2001): *Impact of age on perioperative complications and length of stay in patiants undergoing noncardiac surgery.* Ann Intern Med 134: 637–643.

Rochell, B., Roeder, N. (2003): *DRG – das neue Krankenhausvergütungssystem für Deutschland.* Urologe 42: 471–484.

Roeder, N. (2009): *Qualitätsbericht für das Universitätsklinikum Münster.* Universitätsklinikum Münster.

Roeder, N., Rochell, B., Glocker ,S. (2002): *Gleiche DRG-Leistung = Gleiche Real-Leistung?* Das Krankenhaus 9: 702–709.

Roeder, N., Hensen, P., Hindle, D., Loskamp, N., Lakomek, H. H. (2003a): *Instrumente zur Behandlungsoptimierung.* Chirurg 74: 1149–1155.

Roeder, N., Hindle, D., Loskamp, N., Juhra, C., Hensen, P., Rochell, B. (2003b): *Frischer Wind mit klinischen Behandlungspfaden (II).* Das Krankenhaus 2: 124–130.

Roeder, N., Küttner, T. (2006): *Behandlungspfade im Licht von Kosteneffektenim Rahmen des DRG-Systems.* Internist 47: 684–689.

Roeder, N., Siebers, L., Frie, M., Bunzemeier, H. (2006): *DRG-Akzeptanz verbessern. Kliniker erreichen mit klinischen Leistungsgruppen.* Das Krankenhaus 5: 390–401.

Schroeter, M., Fink, G. R. (2008): *Abkehr vom Stationsarztmodell.* Ärzteblatt 105: 1124–1127.

Schütt, S., Gräbner, B., Saathoff, H., Martin, J., Vagts, D. A. (2007): *Von InEK-Daten zum DRG-Budget.* Anästhesiol Intensivmed Notfallmed Schmerzther 11–12: 834–839.

Spindler, J., Bölt, U. (2009): *Die Einführung des DRG-Entgeltsystems im Spiegel der Krankenhausstatistik.* In: Auswirkungen der DRG-Einführung in Deutschland. Rau, F., Roeder, N., Hensen, P., Stuttgart, Kohlhammer: 43–60.

Spindler, J., Schelhase, T. (2009): *Krankenhauslandschaft im Umbruch.* Statistisches Bundesamt – Wirtschaft und Statistik 7: 641–659.

Statistisches Bundesamt Deutschland (2010a): *Entwicklung der Krankenhaus- und Bettenzahl von 1991 bis 2008.* http://www.destatis.de/jetspeed/portal/cms/ Sites/ destatis/Internet/DE/Navigation/Statistiken/Gesundheit/Gesundheit.psml (30.07.2010).

Statistisches Bundesamt Deutschland (2010b): *Gesundheit – Personal 2000–2008.* Wiesbaden.

Thiry, L., Pape, R. (2008): *Case Management im Krankenhaus.* In: Case Management im Krankenhaus – Aufsätze zum Kölner Modell. Bostelaar, R. A., Pape, R., Hannover, Schlütersche Verlagsgesellschaft: 27–30.

Toth, A., Bitsch, A. (2008): *Kombinierte Analyse zur Steuerung von Kliniken.* Das Krankenhaus 4: 345–349.

Wendt, W. R. (2009): *Wo stehen wir im Case Management und wie entwickelt es sich weiter?* In: Standards und Fachlichkeit im Case Management. Löcherbach, P., Heidelberg, Economica: 1–52.

Wrabel, A., Seidel-Kwem, B. (2005): *Das G-DRG-System – Entwicklung eines komplexen Preissystems.* In: Leistungsmanagement im Krankenhaus: G-DRGs. Vetter, U., Hoffmann, L. Heidelberg, Springer: 47–62.

Yang, Y., Yang, K. S., Hsann, Y. M., Lim, V., Ong, B. C. (2010): *The effect of comorbidity and age on hospital mortality and length of stay in patients with sepsis.* J Crit Care 25: 398–405.

Zheng, F., Cammisa, F. P., Sandhu, H. S., Girardi, F. P., Khan, S. N. (2002): *Factors predicting hospital stay, operative time, blood loss, and transfusion in patients undergoing revision posterior lumbar spine decompression, fusion, and segmental instrumentation.* Spine 27: 818–824.

Abbildungsverzeichnis

Tabellenverzeichnis

Register